湖北省教育厅"荆楚卓越教师协同育人计划"（汉语言文学）
湖北高校省级教学研究项目"地方院校'优师计划'创新培养模式的探索与实践"
黄冈市教育科学规划重大课题"鄂东乡村名师成长路径研究"
湖北省人文社科重点研究基地重点项目"乡村振兴视域下乡村教师专业成长路径研究"

语文教育研究

（师范生专业发展路径探索专辑）

2024

主编　汤天勇　陈志平　李芳芳

WUHAN UNIVERSITY PRESS
武汉大学出版社

图书在版编目(CIP)数据

语文教育研究 . 2024：师范生专业发展路径探索专辑／汤天勇,陈志平,李芳芳主编 . -- 武汉：武汉大学出版社, 2024.12. -- ISBN 978-7-307-24832-8

Ⅰ. H19

中国国家版本馆 CIP 数据核字第 2024W8V426 号

责任编辑:喻　叶　　　责任校对:汪欣怡　　　版式设计:马　佳

出版发行：**武汉大学出版社**　（430072　武昌　珞珈山）
（电子邮箱：cbs22@whu.edu.cn　网址：www.wdp.com.cn）
印刷:湖北云景数字印刷有限公司
开本:720×1000　　1/16　　印张:14.25　　字数:230 千字　　插页:1
版次:2024 年 12 月第 1 版　　2024 年 12 月第 1 次印刷
ISBN 978-7-307-24832-8　　定价:68.00 元

前　　言

　　似乎没有哪一门教育学科似语文这般斑驳与缠绕，看似简单得澄澈，实则繁复到混沌。说澄澈，一提到语文，大家都可侃侃而说，毕竟从小学甚至幼儿园开始，都知晓语文大致是怎么回事；说混沌，是因为到如今，我们还不能仅仅把语文单纯对等为"口头为语，书面为文"。就拿今天的学界与教育界来说，给我们呈现的是语文研究的葳蕤风貌：一是语文既是技能，更是学问，甚至可以细分为语文教育学、语文文化学、语文美学、语文生态学、语文比较教学等，语文俨然已经形成具有多分支的学科体系；二是，语文在中学小学诸多学科门类中又是花样翻新最多的，各种流派、各种口号、各种试验，琳琅满目的改革让中小学语文老师目不暇接、顾此失彼。

　　不是说语文不需要构建科学体系，也不是说语文不需要改革创新，语文学科要保持先进性，这些都是必要的，也是必须的。但是否有个前提，语文如何求新求异，都需要考虑语文的内在本质，语文教育的内在本质。语文谓何？从叶圣陶所言之"语文是一种工具"，到语文是现今课标所说的语文的本质属性"是工具性与人文性的统一"，都是从"用"的层面来思考的。学界也有认为"语文"姓"言语性"，这似乎有一定道理，无论是口头表达或者书面表达，都是言语，这是考虑语文呈现的形式具有显性特征，是语言的外化。其实，语文就是语文，因为它与母语关联深刻，学界总会充盈其内涵、丰富其外延，结果忽略了其本质。语文就是汉语知识、能力与素养的承载体。如果要考虑语文本身攸关母语、攸关民族的特殊性，那么，语文教学的本质就是教学生读书识字、阅读写作。又因为语文教育要与国家人才培养同频共向，语文教育的目标即为塑造学生器道合一。也就是我们常说的"工具性与人文性统一"，双轨并行，塑造学生的必备品格与关键能力。

当然，我们追逐语文与语文教育内涵的稳定性与明确性，出发点也没有达到给其正本清源之崇高，无非寄希望于学界不要给语文、语文教学或语文教育太多的附加价值，还语文学界熙熙攘攘的争论于语文教学探讨之热闹。因为附着或强加，只会让一线教师不知道教什么、怎么教，学生不知道学什么、如何学，这与语文教育之本质与目的是悖反的。

这种喧嚣与无序势必也会影响到高校师范专业（具体而言指汉语言文学）如何培养语文教师。

正是基于这种困惑，编者团队多年来一直思考并着力探索汉语言文学师范生培养的问题。尤其是在现代现实语境下，师范生如何下得去、留得住、教得好与能发展，这里既涉及情怀问题，更涉及专业能力问题。前期，鉴于乡村振兴背景下，乡村教育的基本精神涵括基于乡村、坚守教育本色、延续文化命脉三个基本层面，团队主要从黄冈师范学院与黄冈实际出发，创新性提出汉语言文学专业培养的师范生不仅仅是优秀的语文教师，还应该是乡村文化的发现者、传承者和创造者，是"新乡贤"的代表。故此，团队与文学院师生一道，从鄂东乡村优秀文化基因中发掘红色文化、方言文化和名人文化等教学资源，将教育情怀贯穿于课程思政，厚植家乡认同感，探讨出培养扎根乡村语文良师的新路径。

其实，对于地方院校师范生而言，有扎根乡村、服务乡梓的意愿与动力，我们从情怀层面解决了其道德、伦理、信念与思想上的问题，但意愿与动力其实还包含着专业性赋予的能力动因。如果将职业道德考虑进来，专业能力动因既助益情怀教育，又助益师范生职业的可持续发展。

源于此，编者团队这几年又开始着重思考并探索地方院校汉语言文学师范生专业能力培养的问题。出于同一性认知考虑，本书文章作者多是与团队密切相关者，或是前辈顾问，或是同道同侪，或是扎根基层的校友代表，或是即将步入未来语文教师队伍的新鲜力量。我们从语文教材、课程、教法与汉语言文学师范生本质与培养等方面，对地方院校汉语言文学师范生专业能力培养进行积极的探索。大家所论，或深刻或浅表，或全面或聚焦，或理论探究或实践应用，对我们汉语言文学师范生培养皆是有益的启示。集中到我们的学生作者而言，他们的所观、所感、所行与所思的结晶并非都是真知灼见，但正是源于自我的认知与体悟才显得弥足珍贵。

对于汉语言文学专业师范生而言，主要工作即为语文教育或语文教学，其专业性与师范性从某方面来说具有同构性。回到师范生培养上来，我们在课程体系构建或者教学实践中，师范性要充分融贯，而非先前形成的通识型课程、专业型课程、师范型课程与综合实践型课程的割裂与壁垒。尤其是专业性课程，课程目标的凝练、教学内容的选择、教学场域的营造、教学手段与教学评价的运用，都应紧扣师范性，围绕学生成长为未来乡村语文良师的专业要素进行。这种针对性貌似有些功利，但对于师范生专业发展力提升而言，是在做一场减法和乘法。说减法，因为借此可以剥掉缠绕在汉语言文学师范生周身的藤蔓，还其一个本质性纯粹；说乘法，是因为摒弃汉语言文学师范生培养的冗念与多余，能够催生师范专业能力提升的急遽核变。

本书所辑录的文章，相对于语文学界来说，也仅仅是一种相当自我的探讨，说是抛砖引玉亦不为过。我们更希望能够一石激起千层浪，关于语文、语文教育、语文教学与汉语言文学师范生培养等问题，得到更为深入的探讨而非流于空泛与空洞的众声喧哗。

截至现在，在武汉大学出版社的鼎力支持下，我们即将出版第四部语文教育探索的著作。可以自豪地说，我们团队也为学界和语文教育界贡献了一些话题和较为独到的见解，但语文研究之路依然漫远，需要更多有识之士加入，共襄盛举。多助之至，天下顺之。语文研究亦如是。

目　录

师范探源

教材研究

师范探源

从割裂到融合：中文师范专业
核心能力培养路径探索

刘佩如　陈志平 *

专业是人才培养的基本单元，是建设高水平本科教育、培养一流人才的"四梁八柱"。师范类专业的办学质量直接影响着基础教育的教学质量。2017 年教育部颁布《普通高等学校师范类专业认证实施办法（暂行）》，提出"以学生为中心、产出导向和持续改进"的师范类专业认证理念。2018 年教育部出台《关于实施卓越教师培养计划 2.0 的意见》，旨在满足社会对高质量教育和优质教师的需求。然而，作为历史悠久的中文师范专业，其专业培养模式及课程设置相对滞后，主要体现在基础课程的"简单叠加"，"专业"与"师范"的"简单拼盘"，注重学生师范性而忽略专业学科知识的深入学习。

在此背景下，如何妥善处理教师培养过程中师范性与学科专业性的平衡是当前教师教育面临的重要问题。与此同时，如何提升中文师范专业学生的核心能力，使其拥有区别于综合类大学中同类专业学生的核心竞争力，也是当前师范院校人才培养改革当中面临的关键问题。基于此，本文拟聚焦于地方中文师范院校的专业培养现状，围绕当前中文师范专业培养模式中存在的问题，尝试提出更为符合师范生专业能力需求的培养路径，促进中文师范专业教育与中小学师资培养的有效连接。

一、中文师范生专业核心能力内涵

专业核心能力是指某一行业专业技术人员所必须具备的而有别于其他行业的

---

* 作者简介：刘佩如（1999— ），女，湖北广水人，黄冈师范学院文学院硕士研究生；陈志平（1976— ），男，湖北团风人，黄冈师范学院文学院教授、硕士生导师。

专业能力。师范生的专业能力是指师范生毕业后从事教师行业所必需的教育教学知识、教学能力以及教育态度的综合体，它决定着师范生毕业后能否胜任教师工作，同时也是师范专业区别于其他专业类型的主要标志。①

从综合类大学中文专业的培养目标来看，其主要包含了语言和文学两个领域，旨在培养德智体美劳全面发展的专业人才，未来能在多个领域，如文化管理、新闻出版、科研机构等从事文学评论、教学与科研及文化宣传等相关工作。可见，其在培养目标上涵盖了多领域和多层次的内容，甚至可以广泛应用于各行各业。然而，对于师范类大学而言，其旨在培养的是具有高尚的师德、全面的专业素养、先进的教学能力和突出的创新意识并且能够立足教学一线的中小学语文教师。人才培养以中小学的师资需求为导向，更强调专业的师范性与实用性。

因此，中文师范专业主要对接的是中小学的语文教学，在核心能力的培养上也应有所侧重，重点指向在中小学教学当中能够胜任语文教学的关键能力。基于师范认证的要求与教师职业能力标准，师范生的核心能力主要包括：人文素养、汉语言文学基础知识、汉语言文字的理解与运用能力、文学阅读与鉴赏能力、写作能力、教学设计与实施能力、教学研究与反思能力。然而，从时代发展和新课标、新理念对于未来教师的新要求来看，其核心能力的结构并非线性和平面的要素组合，而是具有立体的层级结构特征。中文师范生的核心能力应涵盖语文学科基本素养的要求、系统知识和教学实践能力。

二、中文师范生专业核心能力的培养路径

（一）从学科导向到需求导向，定位专业的"博"与"精"

长期以来，中国高校中文师范专业的专业课程一般由三部分组成。一是专业基础理论课，包括语言学概论、古代汉语、现代汉语、古文文学、现当代文学等；二是教育理论课程，主要包括教育学、心理学、语文学科教学论等；三是教育实践与实习课程，主要包括教学技能训练、见习与实习等。中文师范的专业课

---

① 张辉哲：《高职师范生专业核心素养培养路径探究》，载《辽宁师专学报（社会科学版）》2022 年第 3 期。

程存在着割裂与拼凑的现象：一是专业基础理论课与综合类大学汉语言文学专业接近，不具有中文师范的特色；二是教育理论课程也是教育学与心理学重点内容的拼接，课程设置中有关当下语文教育的前沿案例较少，未能做到专业课程与教师教育的有效衔接与融合；① 三是专业核心课程更侧重从学术的层面探究专业问题，较少地对接中学语文课程的知识架构。因此，中文师范专业的培养目标应从学科导向转向需求导向，对照中学语文新课标，对课程体系的培养目标进行重塑，处理好专业学习的"博"与"精"。

首先，对于语言和文学类课程的教学目标不只是让学生掌握古汉语、现代汉语以及文学理论相关的汉语言及文学知识，更为关键的是要贯通中学语文与师范教育的学科体系，帮助学生搭建起从初中到大学整个时期的语文知识与素养框架，形成对语文学科知识与素养的清晰理解，以便学生能够从语文的学科本质去审视中学语文的学习内容，更新其语文学习理念。

其次，中学语文教育目标充分体现了中小学教育由"应试教育"转向"素质教育"，因此中文师范专业在制定课程培养目标与方案时，应重点处理好"守正"与"创新"的关系；考虑语文学科工具性与人文性的相统一的本质，还应关注社会人才需求的变化，能够对于新课标的变化有深刻的理解与认识。基于此，师范生的专业学习既要求有广博的知识体系，又要求有精细化有针对性的学习语文学科应具备的核心素养。

最后，在课程设置时，从功能的角度对课程进行分级和分层，对同类型课程在目标的设定和讲授方式上做出一定区分。以语言学课程为例，师范生要具备一定的语言学素养，理论上需要学习古代汉语、现代汉语、语言学、修辞学、训诂学等课程，由于专业课时有限，而有关语言学的课程容量较大，因此在对这些专业课程进行设置时，应从基础素养、专业拓展、核心钻研等方面，对课程的目标与层次进行定位和区分。例如，适当弱化过于精细的语言学理论研究，强调中学语文知识与素养的再现，注重课程内容学理的归纳，培养师范生的语文学科思维。在语言类的课程学习中，应重点培养学生"说"和"写"的能力，即以语言运用能力为主，强化对学生口头言语交际和书面语言表达能力的训练。

---

① 邵丽光：《基于师范认证标准的汉语言文学专业人才培养模式——以德州学院为例》，载《德州学院学报》2023 年第 39 期。

（二）从专业分割到交叉融合，平衡学科的"师范性"与"专业性"

在以往的教师教育体系中，师范院校在进行专业培养时注重对师范生教育教学能力的训练，强调对学生"师范性"的培养，即作为一名教师如何将现有的知识有效地传输给学生，这一训练模式使得师范生在教学技能方面占有一定的优势。然而，要成为一名高素质的教师，还需要有扎实的专业基础与深厚的学科素养，即学科的"专业性"。基于一定的学业年限，"师范性"课程会对"专业性"课程所需要的学时产生压缩，这是师范院校在专业课程开设过程中往往会忽略的问题，以至于师范生在专业学习上不够深入，专业知识储备和学科素养有所欠缺。因此要提升中文师范专业的核心能力，应平衡学科的"师范性"与"专业性"，提升学生教育教学能力，促进"师范性"与"专业性"协同发展。基于此，师范生教学能力的培养应该作为学科专业课程教学的一部分，嵌入整个师范生教育教学过程中，使之得到潜移默化的培养与提高，从专业的割裂走向交叉融合。

其一，在学科内注重课程内容组织的融合。以中国古代文学课程为例，首先应淡化对于"文学史"的"历史化"讲解，妥善处理"文"与"史"的侧重点。戴建业认为"以文学史而不是以文学作品为中心是本末倒置"。张昌红也指出"以史为纲，忽视文学原典"会产生舍本逐末、以偏概全的负面影响。对于中文师范生来说，从整体上理清文学史的发展脉络必不可少，然而更为重要的是提升师范生对"文学"尤其是教材文本的解读能力，强调课程"文"的属性。那么，在课程内容的组合方式上，应改变原有的以文学史为线索，辅之以相应的经典篇目研读的课程体系，采用文体专题的模式对课程内容进行整合，以提升学生的专业核心能力为重心，对课程模式做出适时调整。

其二，在学科间尝试学科知识的交叉融合。以现当代文学的课程为例，想要提升师范生的审美与思辨能力，仅通过教师系统的讲解和分析经典作品往往难以实现，在教学实施的过程中，还需融合美学、文艺学、社会学、政治经济学等多学科的知识，拓宽师范生对文本解读的视野与思路。因此，要平衡好"师范性"与"专业性"，在学科间课程交叉融合的过程中，可将课程分类归整，一类在梳理统编教材选篇的基础上，从现当代文学、文学批评、语文美育等专业理论视角对教材进行多元解读，在专业课教师的引导下，促进师范生的学科素养向语文教学素养转化。另一类则侧重于对教师的教学能力提升，如"教师书写技能训练""朗读与教师口语"等课程，致力于培养全面发展的卓越教师。

其三，在课程思政上强调融合。在高校的思政课程建设中，思政工作往往是独立于学生的专业课程学习之外的。由于对课程思政理念的认知偏差，师范专业的课程思政更多地体现在对教师教育情怀的发掘与师德师风建设上。然而，课程思政的目的不在于情怀的灌输，而是师范生在专业成长过程中形成一种自觉意识。因此，思政课程可以尝试与教育学、心理学等课程相融合。综上所述，在交叉融合的过程中强化课程思政，充分挖掘课程资源，适时对学生进行思想政治教育，将课程思政、师德师风教育融入专业课程的学习当中。

(三) 从理论渗透到实践训练，统一专业的"学术性"与"职业性"

"学术性"是大学学科制度的衍生物。[①] 在师范院校的教育体系中，对师范生的培养不仅仅局限于传授学科的基础理论和知识，更加注重其研究能力的培养，这种追求体现了一种对"学术性"的高度重视。这里的"学术性"涵盖了专业学科知识的掌握和教育学科的研究能力。基于学术能力的教师教育观念认同一个观点：深厚的学科知识储备能够铸就优秀的教师，因而教师教育的核心在于激发和培养学生的思维能力，而非单一的技能训练。与此同时，"职业性"的培养也是教师教育不可或缺的一环。这要求教育者全面考虑教师职业的本质、信念、所需知识和技能、职业生涯发展以及伦理道德等方面，通过系统而具有针对性的教学，助力准教师构建一套清晰、完整且理性的职业发展规划。当前，随着学历层次的提升，师范院校在转型发展的过程中体现出对学术的追求，导致师范专业的职业性培养不断弱化。大部分师范院校在课程目标的设定上，倾向于与综合性大学保持一致，表现为综合化与同质化的倾向，遮蔽了师范院校的特色，忽略了教师职业发展的实际需求。此外，实践性课程如教育实习和见习的安排不足，存在考核松散、指导不足、成效有限等问题。课程内容方面，偏重理论和科学性，追求体系的宏大和完整，而忽视了日常教学实践对教师的实际指导意义。

---

① 程方平、王玉晶：《中小学教师职前教育的"学术性"与"职业性"》，载《教育科学研究》2019 年第 5 期。

同时，现有的课程资源难以满足未来教师专业成长的需求，与基础教育实践存在脱节。

　　基于以上问题，在师范生培养的过程中应从基于理论的渗透转向实践训练，将"学术性"与"职业性"相统一。在培养模式上，强调理论与实践的深度融合，旨在打通"学术性"与"职业性"的界限，实现培养模式的创新。院校可尝试构建"演习—见习—实习—研习"四阶段一体化体系，增强实践环节的比重，确保实践教学环环相扣，全程贯穿师范生的专业成长之路。此外，对于中文师范专业，应加大与基础教育的互动，刷新课程体系，精选基础教育阶段的优秀教学实例，促进将一线教师的实践智慧转化为共享的、专业化的教育资源，深化学生对教学实践的洞察与理解。在实践教学方面，准教师通过教育见习和实习的方式进入真实教育情境，亲身感受教师职业；中小学优秀教师通过"传、帮、带"形式，帮助准教师提高开展实际教学的能力。通过教师教育机构与中小学校的协同育人机制，准教师可以实现自身理论知识、实践技能、职业素养三者之间的深度融合与统一。

从新高考试题看汉语言文学师范生的专业成长

——以"古诗词鉴赏"板块为例

徐林霞*

作为我国教育的一项基本制度，高考是我国基础教育阶段和高等教育阶段衔接的重要桥梁，对我国人才的选拔和培养有着重要和长远的影响。《国务院关于深化考试招生制度改革的实施意见》的印发，宣告着新高考时代已然到来，与之相关的高考改革徐徐展开。作为普通高中学段最为重要的科目之一，随着新高考提出的新要求，语文教学必须做出相应的调整以适应当下学生的发展和社会的需要。而古诗词教学是高中语文课程的重要内容之一，在新时代、新要求、新高考的背景之下，这部分教学内容承担起了重要的使命。《普通高中语文课程标准（2017 年版 2020 年修订）》明确指出，通过传统文化经典作品的阅读，"培养热爱中华文明、热爱祖国、热爱人民、热爱中国共产党的深厚感情，以及热爱美好生活和奋发向上的人生态度，使学生逐步形成自己的思想、行为准则"。

在此背景之下，对于即将走向一线教师岗位的汉语言文学师范生们来说，明确新高考的发展方向，用以指导自身的专业成长，成为未来适应工作的必由之路。而承担了重要育人作用的古诗词文本，将是新高考背景下语文研究的重要突破口之一。

一、新高考中的古诗词鉴赏试题分析

湖北省自 2021 年开始启动新高考，根据 2021—2023 年高考语文试卷的实际

---

* 作者简介：徐林霞（1990— ），女，湖北蕲春人，黄冈师范学院文学院 2022 级硕士研究生。

内容，下文将从选材特点、考查内容和考查能力三个维度，对高考语文古诗词鉴赏试题进行解析，进而了解其命题意图和规律。

（一）选材特点（见表1）

表1　　　　　　2021—2023年语文高考试卷之古诗词鉴赏选材一览表

卷别	新课标Ⅰ卷	新课标Ⅱ卷	全国甲卷	全国乙卷
2023年	林希逸《答友人论学》宋代，七律	林逋《湖上晚归》宋代，七律	晁补之《临江仙》宋词	陆游《破阵子》宋词
2022年	魏了翁《醉落魄·人日南山约应提刑懋之》宋词	李白《送别》唐代，古体诗	欧阳修《画眉鸟》文同　《画眉禽》宋代，七绝	王勃《白下驿饯唐少府》唐代，五律
2021年	杨巨源《寄江州白司马》唐代，七律	陆游《示儿子》宋代，七律	陈师道《和南丰先生出山之作》宋代，七律	辛弃疾《鹊桥仙·赠鹭鸶》宋词

仔细研究表1可以发现，新高考中的语文古诗词鉴赏板块呈现出以下几个特点：

从创作时间来看，主要集中在唐宋时期。无论是新课标卷，还是全国卷，在古诗词鉴赏板块都无一例外地选择了唐宋时期的作品。盛唐时期，除了李白和杜甫双峰并峙，以王维、孟浩然为代表的山水田园诗派和以高适、岑参为代表的边塞诗派成为了两大诗歌流派，他们的诗歌代表了唐诗乃至中国古典诗歌的最高成就。而宋人发挥了"穷则变，变则通"的求新精神，在唐诗高峰上另辟新径，树立起诗歌的另一种风格情韵，使得诗歌不再拘泥于文人雅士的单独性文学创作，而是逐步变成一种大众化的文学形式；同时，受理学的影响，宋代诗歌充满了理性和辩证思维，大大地丰富和推动了诗歌的发展。

从体裁来看，兼顾诗和词。其中，诗以律诗为主，词以中调为主。这主要考虑的是字数的多少。绝句字数太少，但近几年来，随着对学生辩证思维考查的加强，将两首绝句放在一起进行对比阅读也是一大趋势。2022 年全国甲卷便采用了这样一种形式。

从题材来看，涉及的内容既丰富多样，又相对集中。2023 年林希逸的《答友人论学》讲述的是做学问的道理；林逋的《湖上晚归》描绘了隐士归家的感受；2022 年魏了翁的《醉落魄·人日南山约应提刑懋之》通过"人日"这一民俗阐述了做人的道理；李白的《送别》显而易见是一首送别诗；2021 年的《寄江州白司马》和《示儿子》都属于赠寄诗，表达了对朋友、对晚辈的期望。这些题材的阅读对象是特定而又常见的，如朋友、家人、师长等，对学生来说，阅读情境的可适性、代入感都很强，有利于学生快速读懂文本。

从诗词的情感态度或思想观点来看，所有选材均是传达正能量的，其中蕴含的积极乐观的人生态度、爱国为民的家国情怀、恪守职责的敬业精神、和乐融洽的伦理关系、珍贵深厚的朋友情谊、淡泊旷达的精神品格等都是中华传统文化中的精髓，值得青年学生学习和传承，并融入自己的人生追求当中。

（二）考查内容解析

1. 以考查文本的思想内容、表达技巧、语言风格及作者的情感态度为主

近几年古诗词鉴赏的考查点具体体现为诗歌的创作背景、作品题目的含义、诗句的基本含义、字词的含义和表达效果、抒发的情感、阐述的道理等。

如 2022 年新高考 I 卷中魏了翁《醉落魄·人日南山约应提刑懋之》的主观题：词人在下阕发表议论，指出如果懂得做人的道理，每天都是人日。词中谈到哪些做人的道理？请结合内容简要分析。这道题的考点就是诗歌中阐述的道理。

再如 2022 年新高考 II 卷中古诗词阅读的主观题为：本诗是如何表现离愁别绪的？请结合内容简要分析。这道题的考点就是作者抒发的情感。

无论考查的是哪一方面，能够读懂文本是解题的关键。

2. 注重考查学生综合鉴赏评价诗词某一方面特点的能力

近年来，结合名家观点或评论来赏析诗歌的形式也是一大热点。这些观点或评论有的属于宏观的文艺观点或诗论，要求学生结合诗歌对它进行阐释；有的则

直接对该诗词做出了阐释，要求学生在诗歌中找到具体的印证。

2023 年新课标的两套试卷都采用了这样的考查形式。Ⅰ卷中林希逸《答友人论学》的主观题为：诗的尾联提到魏了翁的名言："不欲于卖花担上看桃李，须树头枝底方见活精神也。"结合本诗主题，谈谈你对这句话的理解。这属于**阐释**类。

Ⅱ卷中林逋《湖上晚归》的主观题为：王国维说："以我观物，故物皆著我之色彩。"这一观点在本诗中是如何得到印证的？请简要分析。这属于印证类。

这两道题均要求学生结合他人观点，对诗歌文本的主题、艺术价值予以评价。这是沿用了现代文阅读主观题的命题方式，有利于考查学生理解文本、迁移知识、鉴赏评价等多方面的能力，避免学生套用答题模板。

3. 兼顾对形象思维和理性思维的考查

2022 年、2023 年新课标Ⅰ卷分别选用了魏了翁、林希逸的作品。这两人虽不是诗词名家，但都是南宋理学家，其诗词说理性强，理性色彩浓，适合作为命题材料引领学生正确思考人生、客观看待问题，更有利于提升学生认识高度，培养思维品质。

而形象思维是文学艺术创作过程中主要的思维方式，对于丰富精神、净化心灵、提高修养至关重要。2023 年新课标Ⅱ卷选用了北宋林逋的七律《湖上晚归》，诗人于秋日傍晚乘船归家所见景物描写中表达恬淡的心情。第 16 题要求学生思考王国维"以我观物，故物皆著我之色彩"的观点是如何在诗中得到印证的，引导学生在直观感受的基础上调动联想和想象，表达自己对文学形象的感受、理解和思考。

4. 注重教考衔接

2022 年新高考Ⅱ卷中李白《送别》这一首诗的选择题中有这样一个选项：本诗最后两句的表达方式，在《黄鹤楼送孟浩然之广陵》中也曾使用。2022 年全国乙卷王勃《白下驿饯唐少府》这首诗的主观题为：本诗与《送杜少府之任蜀州》都是王勃的送别之作，但诗人排遣离愁的方法有所不同，请结合内容简要分析。2021 年新高考Ⅰ卷中杨巨源的《寄江州白司马》虽然没有明显地衔接教材，但该诗与白居易的《琵琶行》创作背景一致，与白居易被贬江州密切相关。

《黄鹤楼送孟浩然之广陵》是小学五年级教材的内容，《送杜少府之任蜀州》为初中八年级必背篇目，而白居易的《琵琶行》是高中语文教材必修上册的重要内容。从这几首诗中，我们可以看出，古代诗歌阅读与教材的衔接不仅局限于高中阶段，小学、初中也广有涉及；考查的角度包括表达方式、表现手法、创作背景等多个方向；而考查的形式既有选择题，也有主观题。

（三）考查能力解析

通过对近几年新高考试题中古代诗歌阅读选材与考查内容的解析，我们可以发现，新高考在古代诗歌阅读上考查的能力主要包括以下几个方面：

（1）理解、分析诗意的能力，包括理解、分析词句基本意思的能力，理解、概括和分析诗歌内容的能力。这是读懂诗歌的首要关键。

（2）分析、鉴赏诗歌的形象、语言和表达技巧的能力，包括赏析诗歌中人物形象、事物形象、景物形象等的能力，赏析诗歌的词、句、语言特点等的能力，赏析诗歌的修辞手法、表现手法、抒情方式、景（物）情（理）关系、结构技巧等能力。

（3）鉴赏评价诗歌的思想内容和作者观点态度的能力，包括概括、鉴赏和评价诗歌的思想内容、作者的情感态度或主要观点等能力。

（4）关联教材的能力，包括迁移运用教材知识的能力、与教材文本进行比较阅读的能力。

（5）迁移运用文学文化常识的能力，包括迁移运用诗歌文体知识、常用的浅易文学史和文学理论知识、常见常用的古代文化知识等的能力。

二、新高考背景下汉语言文学师范生的专业成长

在新高考背景下，汉语言文学师范生可以从哪些方面来下功夫，助力自己专业成长呢？

（一）深研教材，夯实基础

针对古诗词鉴赏，学生们首先接触也最为熟悉的参照或凭借就是教材。而教

材中的诗词篇目，都是经过专家们精挑细选、多番讨论才确定的，既是诗坛词坛中的上乘精品，又是学习模仿的最佳范例。因此，只有注重对教材内容的知识积累，在课内文本阅读中不断建构自己的认知体系，才能在课外读懂文本。学生如此，教师亦然。那么，对于古诗词鉴赏来说，需要积累的知识内容有哪些呢？

文言字词的积累。古诗词的写作不仅需要遵循文言的相关规律，有时出于诗词格律的要求，还会对语言进行一定的变形处理。这就需要我们在平时的教材学习中，注重积累常见的120个实词、18个常考虚词、常见的词类活用和倒装句式等知识，并在熟练掌握的基础上进行灵活运用，如此才能读懂诗词。

例如，2020年全国甲卷的古诗词鉴赏的诗题为：《奉和袭美抱疾杜门见寄次韵》。这一个诗题很长，学生们在第一次读的时候很难准确地进行断句，更别说理解诗题的含义。诗后对"袭美"做出了注释——陆龟蒙的好友皮日休，而"抱疾"比较容易理解，大部分学生就卡在了"杜门见寄"这四个字上。"杜门"是闭门谢客的意思，学生即使不理解，从选择题的A选项也可以推测出来。而"见寄"这一用法在部编本教材必修下册《答司马谏议书》中就学习过：冀君实或见恕也。"见恕"是"原谅我"，因此，"见寄"就是"寄给我"的意思。如果平时对教材中的字词知识进行了积累，那么对这一诗题的理解就会容易得多，选项中"与外界不通音讯"的说法也可以快速判断为错误了。

常见意象的积累。古诗词是中华传统文化，千百年来，许多事物被诗人们赋予了新的含义，成为某一情感的代表并流传下来，因此，积累常见的意象对于理解诗人情感有着无可替代的重要性。

例如："雁"自古便有"鸿雁传书"之说，被赋予了"信使"的涵义来表达对家乡和亲朋的思念之情。部编版教材必修上册第三单元《声声慢》中也学过"雁过也，正伤心，却是旧时相识"。2021年新高考Ⅰ卷中《寄江州白司马》的颈联就出现了"雁"这一意象：题诗岁晏离鸿断。依据积累我们就可以把这一句理解为：岁末题诗表达思念，却找不到送书的大雁。

再如："柳"因与"留"谐音，成为送别诗中表达不舍之情的常用意象；"荷花"被赋予"品格高洁"的含义，在《爱莲说》体现得淋漓尽致；而"菊花"因陶渊明而成为"隐士"的象征……

我们在积累的时候，还可以依据意象的属性做出一定的分类，如：动物类、植物类、自然类、工具类等。

主要题材的积累。如果把所学的诗歌按题材进行分类，我们就不难发现，相同题材的诗歌往往表达的情感是相似的，因此，只要我们把握古代诗歌这一内在规律，就可以从宏观上把握诗歌的大意和情感。古代诗歌的主要题材有：咏物言志诗、羁旅思乡诗、送别怀人诗、边塞征战诗、咏史怀古诗、山水田园诗、即景抒怀诗、干谒言志诗、酬和寄赠诗、爱情闺怨诗等。

例如，送别怀人诗通常表达的情感有：离别前的依依不舍与伤感，离别时的嘱托、安慰、鼓励与祝福以及离别后的思念与牵挂，有时还会借送别友人表达自己的志向、抒发对人生的感慨。我们学过的送别诗中，柳永的《雨霖铃》就表达了与恋人分别时的不舍与痛苦；王勃的《送杜少府之任蜀州》则表达了一种对朋友的安慰；而王昌龄的《芙蓉楼送辛渐》就用"一片冰心在玉壶"表明了自己的心志。2022年新高考Ⅱ卷李白的《送别》也是一首典型的"送别怀人诗"，如果我们对这一类诗有过梳理和积累，那就不难理解诗中作者的"离愁别绪"了。

基本手法的积累。手法就是诗人在表情达意时所运用的技巧，它主要包括修辞手法、表现手法、表达方式和结构技巧。常见的手法如图1所示。

掌握常见的手法对于理解诗歌至关重要。例如：想象是诗歌中常用的表现手法。王维在《九月九日忆山东兄弟》中写道：遥知兄弟登高处，遍插茱萸少一人。李商隐在《夜雨寄北》中也有诗句：何当共剪西窗烛，却话巴山夜雨时。不论是兄弟重阳登高，还是与亲人秉烛夜谈，都是诗人想象的内容，属于虚写。如果把虚写的内容当作实实在在发生的事情，那么对诗意的理解就会产生偏差。2020年北京卷选用的李白的《寄东鲁二稚子》，诗歌后半部分就是诗人想象的内容。如果把它当作真实发生的事情，那么就很难做对选择题了。

重要典故的积累。在古诗词中，诗人常常会借用一些历史人物、历史故事、历史典籍知识，这种手法的运用有时可以使立论有依据、增强说服力，有时可以使作者的情感表达更加委婉，有时可以让语言变得丰富深刻、耐人寻味……如果对诗中的典故毫不知情，将会对诗歌的理解造成莫大的困难。

例如：统编本高中语文选择性必修中册"古诗词诵读"单元的几首古诗都运用了典故。如，高适的《燕歌行》中最后一句"君不见沙场征战苦，至今犹忆李将军"，借用飞将军李广的故事委婉地表达了朝中无人的无奈和对和平生活的

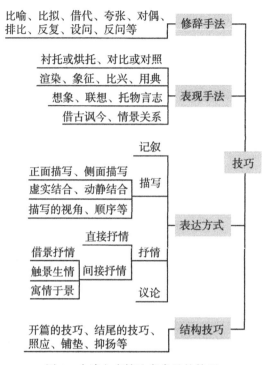

图 1　古诗文表情达意常见的技巧

渴望；李贺的《李凭箜篌引》中大量地运用神话故事——女娲补天、吴刚伐桂——来表现音乐的出神入化；李商隐的《锦瑟》借用"庄周梦蝶""杜鹃啼血"等典故抒发了迷惘与哀伤的感受；陆游的《书愤》中"出师一表真名世"一句通过诸葛亮的典故表明了自己忠贞爱国之心。

新高考试题中，运用典故的诗歌也比比皆是。2021 年新高考 Ⅱ 卷陆游的《示儿子》最后一句"熟读周公七月诗"就运用了周公的典故，如果不知道"周公"是一个为国为民之人，就很难理解诗人对儿子深切的期盼。

（二）深化阅读，整合拓展

在古诗词阅读中，有一个很重要的方法叫作"知人论世"。"知人"就是知道诗人的人生经历和重大遭遇，了解诗人的理想抱负和性格特点，从而把握诗人的创作风格与情感来源；"论世"是知晓诗人所处朝代的时代背景。"知人"与

"论世"紧密相连，息息相关。"知人论世"方法的运用有助于我们更加深入地理解作品，领悟作者在诗中所蕴含的情感。这就要求我们在平时的古诗词学习和文言文学习中，不仅仅局限于读懂一首诗、一篇文章，更应深入了解作品背后的诗人经历与时代背景。

了解诗人生平。诗人创作时的境遇不同，诗歌所表达的情感也会呈现出差异。最为典型的例子就是李清照。幼时的李清照生活富裕，家中文学氛围浓厚，这为她成长为"千古第一才女"奠定了良好的基础。因此，李清照早期的作品多写悠闲生活。统编本教材八年级上册的《如梦令·常记溪亭日暮》就记叙了她青春年少之时的美好生活。而金兵入侵之后，丈夫去世、颠沛流离，她的作品里就充满了悲痛与孤苦。统编版高中语文必修上册第三单元的《声声慢》运用一组叠词将自己南渡后的流亡之苦、悼亡之悲表达得淋漓尽致。通过深化阅读，了解诗人的生平经历，就可以明确诗中的情感来源，更好地走进诗人的内心。

把握时代特征。"文章合为时而著"，不同的时代呈现出不同的特征，而这些时代特征也对诗人的创作产生了不可磨灭的影响。因此，我们要真正读懂一首诗，就必须了解诗人所处的时代特征。例如：统编本高中语文必修下册第八单元选用了王安石的《答司马谏议书》，这一篇文章采用回信的方式表明了自己推动变法的决心，展现了强烈的爱国与担当精神。要读懂这一篇文章，读懂王安石的决心，我们就需要先了解他当时所在的北宋正处于积贫积弱的时期以及新旧党争的政治环境。把握了这一时代特征，我们在诵读后面的《桂枝香·金陵怀古》时，才能明白"至今商女，时时犹唱，后庭遗曲"背后所蕴含的遗憾与无奈。

整合拓展内容。在实际教学中，我们常常会采用比较阅读的方法来调动学生储备经验并拓展思路，帮助学生打破新旧知识之间的壁垒，在更深层次理解诗歌的同时，也助推学生提高提炼概括能力和逻辑分析能力，最终实现思维发展与素养提升。因此，我们在平时的诗歌阅读中，也要有意识地将所读诗歌进行整合与拓展，其角度可以是同时代、同诗人，也可以是同题材、同主题。

例如：以"爱情"为主题的诗词在课本中虽没有单独汇编成一个主题，但可以参考的选文有统编本高中语文必修上册的《静女》《涉江采芙蓉》《鹊桥仙》，选择性必修上册的《江城子·乙卯正月二十日夜记梦》，选择性必修下册的《氓》《孔雀东南飞》等。这些作品既展现了爱情的不同阶段，也传达了诗人对待爱情的不同态度。我们在阅读后可以将它们放在一起来思考古人的爱情观，还可以想一想是否还有经典的篇目同样是以"爱情"为主题的？这样，我们在走上讲台之后，就可以更好地引领学生结合自己的阅读经验，讨论诗歌的爱情观和自己的爱情观，在交流碰撞中提升对于感情的理性认知。

（三）深究资源，提升素养

1. 整理信息技术资源

在信息技术飞速发展的今天，现代教育不应囿于课堂甚至校园的一方天地。数据信息的唾手可得让教学有了更多的可能性，也极大地提升了教育的效率和品质。在当下的古诗词教学中，无论是教师的教学过程设计还是学生的自主课外探究，都可以充分利用信息技术资源来推动古诗词教与学的优化革新。因此，作为师范专业生，我们应当熟练地掌握各种信息技术，比如 PPT 制作、音频剪辑、视频编辑、微课制作、投屏等，尽可能地搜集与整理有助于古诗词学习的网站、栏目、博客等，通过互联网等多种信息平台，打造古诗词补充学习的资源库，拓展学习渠道、引导深度学习，为将来充分调动学生的学习积极性与自主探究性，促进学生阅读经验、能力的提升做好充分的准备。

2. 挖掘跨媒介资源

随着全球化和信息化的快速发展，各种知识和研究领域正在发生深刻的变革。传统的学科分类体系已经无法满足复杂多变的社会需求和知识领域的深度拓展，许多重大问题往往需要多学科的知识和方法来解决，在这种情况下，学科融合成为了必然趋势。在教育领域，学科融合的潮流也越来越明显。不同学科之间的融合不仅可以激发学生的学习兴趣和创新意识，还能拓宽知识面和加深知识层次、提高学生的综合能力，促使学生们更为开放地思考问题，从而形成更为丰富和全面的研究视角，为将来产生创新性成果奠基。

因此，作为师范生，我们应不断提升自身的综合素质，充分挖掘跨媒介资源，力争将来在教学内容上打通不同学科及领域的壁垒，进行跨媒介阅读平台辅助下的古诗词教学。比如在教学《虞美人》时，可以播放歌手孟庭苇、邓丽君不同版本的歌唱曲目，欣赏两首歌曲在旋律、编曲、演绎方式上的不同呈现，从而体会《虞美人》中复杂情感的不同表达方式。这就需要教师对歌曲具有一定的鉴赏能力。

3. 利用社会资源

《普通高中语文课程标准》（2017年版2020年修订）凸显学科核心素养概念，而要具备这种深层次的能力仅仅依靠教师和课堂是完全不够的，必须充分调动学校、家庭、社区的合作，综合利用各种教育资源。因此，作为汉语言文学师范生，我们还应当学会如何去挖掘和利用各种社会资源，不断锻炼自己的沟通能力和协调能力，为将来调动各种社会资源奠定良好基础。

教学改革的步伐从未停止，一线教师们唯有步履不停、实践不停、转变理念，才能实现教研能力和素养的真正提升。而作为师范生的我们，更应当明晰方向，始终置身于反思总结中，既寻求更优策略又超越策略技法，才能适应新时代的教育。

从新高考试题看中文师范生的专业成长

——以"语言文字运用"板块为例

易思维*

高考作为教育体系的重要指挥棒，对人才选拔与培养影响深远。《国务院关于深化考试招生制度改革的实施意见》的发布，标志着新高考时代的开启，相关改革措施也随之稳步推进。新高考卷语言文字运用题时代感强、变化繁妙、设题灵活，同时充分体现新高考评价体系的要求。在此背景之下，对于即将走向教师岗位的中文师范生们来说，明确新高考的发展方向，用以指导自身的专业成长，成为未来适应工作的必由之路。语言文字运用是高中语文教学的重点，也是新高考考查的重点和创新点。因此，整理分析 2020—2024 年新高考卷语言文字运用题，可为新高考命题提供整体认知与质量资料，同时也能助力中文师范生把握考核要求与命题方向，促进其专业成长。

一、新高考中的语言文字运用试题分析

新高考自 2014 年实施，根据新高考卷 2020—2024 年新高考语文试卷的实际内容，下文将从选材特点、考查内容和考查能力三个维度，对高考语文语言文字运用试题进行解析，进而了解其命题意图和规律。

---

* 作者简介：易思维（2001—   ），女，湖南岳阳人，黄冈师范学院文学院 2023 级硕士研究生。

（一）选材特点（见表1）

表1   **2020—2024 年语文新高考卷之语言文字运用选材一览表**

卷别	新高考 I 卷	新高考 II 卷
2020 年	17~19 题：传统文化（印章与篆刻艺术） 20 题：科学生活（有氧运动与记忆力） 21 题：新闻报道（中国航天）	科普文（风筝）
2021 年	语言文字运用 I：传统节日（元宵） 语言文字运用 II：生物地理	语言文字运用 I：科技生活（太空菜谱） 语言文字运用 II：传统文化（中国画）
2022 年	语言文字运用 I：航天人物（奕恩杰） 语言文字运用 II：科学生活（减肥）	语言文字运用 I：科技生活（天宫课堂） 语言文字运用 II：小说（萧红《呼兰河传》）
2023 年	语言文字运用 I：科普文（徐达《前天中午吃了啥？忘记了或许是个好事》） 语言文字运用 II：小说（老舍《骆驼祥子》）	语言文字运用 I：散文（凌鼎年《难忘的腾冲皮影戏》） 语言文字运用 II：科普文（吴惠莉《耳机戴不对，对耳朵的危害有多大?》）
2024 年	科普文（苏静《真的想问：为什么怎么休息都不够啊?》）	科普文（苏静《真的想问：为什么怎么休息都不够啊?》）

注：自 2021 年起，新高考卷试题变为语言文字运用 I 和 II 两部分，2024 年又调整为一个部分。

1. 组织情境性

语言文字运用试题材料由综合语段构成，这些综合语段都是一个个具体情境。试题在综合语段中结合具体情境完成对多个考点的考查，使学生语文核心素养得以提高。2020—2024 年语言文字运用题的材料选择与生活相关的内容，比如科学减肥、看云和运动等话题，在情境中考查学生语言积累和运用，减少死记硬背。这些材料均涉及社会热点和科技时事，立足于社会生活情境，让学生观察生活、体验生活。试题材料的组织注重情境性，让学生针对特定情境解决特定问题，符合新高考重视语言文字交际性的特点，意在让学生走向自主学习、自觉思考。

2. 类型多元性

《义务教育语文课程标准（2022 年版）》（以下简称"新课标"）提出，选用的语言材料要具有时代性、典型性和多样性，贴近学生生活，充分体现语文学科特点。① 2020—2024 年新高考卷选材充分落实新课标要求，试题选材趋向多样性，且试题材料大多会进行改编。多元选材与改编重组能很好地避免学生机械刷题与单向押题，回归语文本身。由上表可知，2020—2024 年新高考卷语言文字运用题选材涉及传统节日、科技生活、航天人物、文学作品、生物地理、科学生活等多种类型。材料类型多元化，能够很好避免学生急切刷题，同时更能体现语文的学科特点。

3. 内容文学性

2022 年开始，试题材料的内容越发注重文学性，以文化浸润人心，材料内容回归语文本身，关注经典名著。2022 年新高考 II 卷语用 II 的材料节选自萧红的《呼兰河传》，2023 年新高考 I 卷语用 II 的材料"天是越来越冷了，祥子似乎没觉到……他觉得他是无敌的，他刚从风里出来，风并没能把他怎样了"选自老舍的《骆驼祥子》。同年的 II 卷语用 I 的材料选自凌鼎年的《难忘的腾冲皮影戏》。2024 年新高考 I 卷语用 I 的材料再一次节选自老舍的《骆驼祥子》。试题材料内容趋向文学性作品的意图明显，既能体现语文知识考核要求，又能利用文学的审美性浸润人心。

4. 主题时代性

2020—2024 年语用试题材料涉及时代文学作品，关注社会热点话题与科技

---

① 中华人民共和国教育部：《普通高中语文课程标准（2017 年版 2020 年修订）》，人民教育出版社 2020 年版，第 49 页。

时事，凸显时代色彩。2022 年新高考Ⅰ卷语用Ⅱ的材料是关于"科学减肥"这一社会热点，2022 年Ⅱ卷语用Ⅰ是有关"中国航天"这一科技时事热点的材料，2024 年新高考卷语用题材料选自《科普中国》，关注"健康"话题。试题材料融入当今时代热点话题，让学生感受到语文与时代的紧密联系。现在是信息科技快速发展的时代，科技、信息科学、人工智能等带来一系列的新问题，人文变得更加重要。人文关怀是科技创新的动力，人文素养也是推动科技进步的要素。新高考卷的试题设计在体现时代与科技最新发展的同时，也深刻蕴含了对人文精神的关怀与尊重，这体现了教育考试对于培养学生综合素质和全面发展的高度重视。

（二）考查内容解析

1. 注重基础知识

2020—2024 年新高考卷语言文字运用题所考查的均是语文基础知识，如成语积累、病句辨析、常见修辞、标点符号等。以 2023 年新高考Ⅱ卷为例，第 20 题：下列句子中的"谁"和"耳机一戴，谁也不爱"中的"谁"，意义和用法相同的一项是？本题以疑问代词为考查内容，有望引起学生对相关语言现象的关注和思考。学生在日常语言生活中对疑问代词的认识可能主要限于"疑问"之意，但本题要求他们分析、思考疑问代词的其他用法。尽管试题难度有所增加，但考查核心是不会变的。只有基础知识扎实，才能更好地应对新题型。

2. 强调学习能力

近年来高考命题一直都在坚持突出对学生学习能力的考查。语文不只考文学，还要考学生是不是能读懂、会表达。新高考卷语用题使用了很多非文学类的素材，尤其是科技类的，紧扣当下的形势和环境，体现了对科技诉求的强化。这是从语文能力作为基本学习能力的角度去考查。如，2020 年新高考Ⅰ卷语用题材料是"科学生活"与"中国航天"，2021 年新高考Ⅱ卷是"太空菜谱"，2022年新高考卷则是"航天人物"和"天空课堂"，2023 年和 2024 年聚焦有关"健康生活"的科普类材料。

3. 指向核心素养

新课标在学业水平考试与高考命题建议部分强调了测评与考试目的在于真实反映学生语文学科核心素养的发展过程与现有水平。① 语言文字运用在学科素养中居于重要的位置，是学科素养"语言建构与运用"的最直接的体现，部分主观题也直接体现"思维的发展与提升"。以 2024 年新高考 I 卷为例，语用题（18～22 题）分别考查成语积累、病句辨析、常见修辞、概括内容和补写句子，且试题均指向语言建构与运用这一核心素养。2021 年新高考 II 卷第 21 题的情境补写，其第三空根据分号确定分句间是并列关系，三个层次（人物、山水、花鸟）一一对应，这就涉及核心素养中的思维发展与提升，旨在锻炼学生的逻辑思维能力。

4. 强化教考衔接

新高考卷语用题继续强化教考衔接，注重夯实学生知识基础，提高学生能力素养。以 2024 年新高考 II 卷为例，第 20 题属于语言文字运用的考查，本题采取传统的修改语病题形式，考查了"列入"与"之一"的搭配，这涉及词语意义用法的精细辨析和词语的准确选择。统编高中语文教材必修上册"词语积累与词语解释"单元中讨论了"词义的辨析和词语的使用"，单元"学习资源"中的材料如叶圣陶《认真学习语文》、朱德熙《词义》等也都强调了精确辨析词义，把握词语使用上的细微差别，从而在语言表达中准确选择适当词语的重要性。综合来看，近五年新高考卷语用试题与教材中的"词语积累与词语解释""逻辑的力量"这两个单元培养的语文能力关系紧密，强化了教考衔接，回归语文学科本位。

（三）考查能力解析

通过对 2020—2024 年新高考试题语言文字运用题选材与考查内容的解析，新高考在语言文字运用题上考查的能力主要包括以下几个方面：

（1）正确使用语言文字的能力。包括发现语言表达问题并进行修改的能力；

---

① 中华人民共和国教育部：《普通高中语文课程标准（2017 年版 2020 年修订）》，人民教育出版社 2020 年版，第 47 页。

辨别同一个词的不同用法的能力；成语积累与准确运用的能力。

（2）情境运用的能力。包括凭借语感结合具体语境，补写重要内容的能力，在语境中解读词汇理解语义的能力。

（3）阅读理解和表达的能力。包括借助已有的知识和语感、结合具体语境赏析相似句子表达效果的能力。

（4）关联教材的能力。包括迁移运用教材知识的能力。

二、新高考背景下中文师范生的专业成长路径

新高考背景下，对于即将走向一线教师岗位的中文师范生们来说，明确新高考的发展方向，用以指导自身的专业成长，成为未来适应工作的必由之路。通过对近五年新高考卷语言文字运用试题进行分析，可以从中窥探中文师范生专业成长的路径：中文师范生既需要深研教材，夯实语文基础，还要深化阅读拓展学科视野，更要多元融合以提升素养。

（一）深研教材，夯实基础

新高考语言文字运用题注重语文基础知识的考查，大多聚焦在成语、修辞、标点符号等方面，而这些语文基础知识，在教材中均有呈现，因此中文师范生们要做有心人，以考促学，注重对教材内容的积累，深研教材，做到随文学习、随文积累，在课内文本阅读中不断建构自己的知识体系，具体落实到以下几个方面：

第一，中文师范生要积累基础字词。新课标中将"语言建构与运用"放于四大核心素养之首，强调要通过主动地积累、梳理和整合，逐步掌握祖国语言文字特点及其运用规律。"语言积累、梳理与探究"任务群中也强调要积累有关汉字、汉语的现象和理性认识。[①] 表明了语言文字的基础性和重要性，新高考卷语言文字运用题对基础字词的考查十分频繁。作为未来教师的中文师范生们在研读教材时，应该要有意识地积累基础字词，丰富自身词汇量，为未来教育工作打下坚实

---

① 中华人民共和国教育部：《普通高中语文课程标准（2017 年版 2020 年修订）》，人民教育出版社 2020 年版，第 4 页。

基础。基础字词包括基本的字音、字形和字义之外，还包括词语，即实词、虚词和成语。2021年全国卷Ⅰ分别考查了"交相辉映、互相映衬""喧闹无比、热闹非凡""络绎不绝、连绵不断"和"原汁原味、汁醇味正"这四组成语的比较。2022年开始成语题由选择题变为填空题，这对知识要求更高，这也表明，对待语文基础字词必须严格要求，准确掌握。

以积累成语为例，高中教材必修上第八单元"词语积累与词语解释"即为集中的词语资源，教材为之专设单元，其重要性自然不言而喻。该单元设置了三个学习活动，分别是丰富词语积累、把握古今词义的联系和区别、语义的辨析和词语的使用。运用这个单元可以集中梳理本册书的词语，丰富熟语积累并且关注新词语，师范生研读教材时即可深入地体会词语的感情色彩，把握词语语体色彩。在单元学习之后，自主整理课文中的成语，掌握成语的含义、特殊用法、感情色彩等内容，可以借助语文基础知识梳理单，将有着相近或相反含义、有特定使用场景抑或容易望文生义的成语进行归类，利用课余时间进行巩固记忆。如此，教材中常见的成语基本可以熟练掌握。

第二，中文师范生要掌握常见的修辞手法。常见的修辞有：比喻、拟人、夸张、对偶、设问、反问、排比、反复等。2021年新高考卷Ⅰ，2022年新高考卷Ⅰ、卷Ⅱ和2024年新高考卷Ⅰ分别考查了修辞手法对偶、设问、排比的用法、排比的表达效果以及借喻。考点虽小而具体，却是体系性知识的分支，这就要求中文师范生有较完整的语文知识体系架构，在未来教学中能更好地指导学生学习。以2024年新高考Ⅰ卷为例：

【试题】文中第一段用"电"比喻人的精力、体力，使用了借喻的修辞手法。请以"云"为本体写一个句子。要求：语意完整，使用借喻；借喻贴切，表达流畅。

学生在面对这道题目时，首先要区分明喻、暗喻和借喻。明喻是本体、喻体、比喻词都出现，比喻词常用"像""好像""仿佛""犹如"等。暗喻是本体、喻体都出现，比喻词常用"是""变成""成了""构成"等。借喻是借用喻体代替本体，即只出现喻体，本体和比喻词均不出现。然后根据比喻中本体和喻体是"具有相似点的不同类事物"这一特征，给"云"这个本体找一个合适的喻体，云的特点有洁白、柔软、飘逸等，据此可将喻体定为棉花、棉花糖等，然后按照要求写句子。"借喻"中本体"云"不能出现，也不能出现比喻词，直接出现喻体，可组织答案为：天空中那一团团棉花糖，洁白、柔软，让人忍不住想要咬上一口。

中文师范生在研读教材时可以选择课文中的经典名篇，随文掌握修辞手法。如阅读朱自清的《荷塘月色》时，读到名段："层层的叶子中间，零星地点缀着些白花，有袅娜地开着的，有羞涩地打着朵儿的；正如一粒粒地明珠，又如碧空里地星星，又如刚出浴的美人。微风过处，送来缕缕清香仿佛远处高楼上渺茫的歌声似的"①，可思考"袅娜""羞涩""明珠"等措辞的作用和表达效果，以及运用拟人、比喻和通感的修辞手法之妙，这些修辞知识以及赏析语句的角度都是新高考语用题中常见考点。中文师范生们在平时阅读学习中，应有意识地进行整理，以此来构建相关的知识体系。

第三，中文师范生要学习重要语法知识。新课标要求要在自主修改病句和分析句子结构的过程中，体会汉语句子结构的特点，进一步领悟语法规律。②《高考评价体系》要求要掌握基本的语法规范和标点符号用法。新高考卷语言文字运用题通过修改病句、句式转换、补写仿写、标点符号等题型考查重要语法知识。中文师范生需要在梳理知识的基础上，建构相对完整的汉语语法体系。重要语法包括词法、句法和标点符号。"词"包含的知识有：单音节词、双音节词；一词多义；近义词、反义词；代词；词语的感情色彩与语体色彩；成语；俗语等。"句"包含的知识有：常见句式的单句与复句、长句与短句、整句与散句；病句涉及语序不当、搭配不当、结构混乱、成分残缺或赘余等。"标点符号"包括：学生构建系统的知识体系，语用时便将结构化汉语知识外化与呈现。2020—2024年新高考卷均考查了病句题和句子补写题。2022年新高考Ⅰ、新高考卷Ⅱ和2023年新高考卷Ⅰ分别考查了人称代词"你""他"以及疑问代词"谁"的作用；知识成体系，中文师范生综合素养便会提升，在未来教学中将发挥重要作用。

---

① 中华人民共和国教育部：《普通高中语文教科书（必修上册）》，人民教育出版社2019年版，第109页。
② 中华人民共和国教育部：《普通高中语文课程标准（2017年版2020年修订）》，人民教育出版社2020年版，第16页。

（二）深化阅读，整合拓展

新高考卷语用题材料来源广泛，涉及文学作品、新闻评论、科普文章等，语文阅读的重要性不言而喻。中文师范生们在深研教材的基础上，需要不断深化阅读，整合拓展，提升自己的语文综合素养，可从以下两点入手：

第一，中文师范生要阅读经典并广泛涉猎其他作品。经典文学作品中蕴含了非常浓厚的文化底蕴和精神食粮，同时也是中华民族传统优秀文化与人类思想成果的体现。新高考卷语用题自 2022 年开始，相继节选文学作品内容作为试题材料，如萧红《呼兰河传》和老舍《骆驼祥子》。这提示中文师范生们必须重视经典作品的阅读，树立正确的审美观念，提高审美能力，成为兼具知识技能和良好审美素养的高素质人才，为今后的教育事业打下基础。同时语用题材料大多来源于科普类文章以及新闻评论等，因此在经典阅读的基础上更要广泛涉猎其他类型的文章，做到多阅读、多思考。此外，要从课本出发，聚焦阅读方法。这需要中文师范生理解并把握教材中的"语文要素"，借助教材助读系统、课后习题、语文园地等，明确教学目标，学习阅读策略。

第二，中文师范生要落实读写结合，加强语文实践。新高考卷语用题以主观题为主，且多以表达题为主要题型，如赏析句子、补写改写句子等，这对学生的文字功底与表达能力有所要求。学生需要具备此能力，教师同样应当具备。作为未来教师的中文师范生在广泛阅读的基础上，可以通过写读书笔记、书评和创意写作等写作活动，落实读写结合，提升写作能力。语文课程是一门学习祖国语言文字运用的实践性课程，新课标强调要在丰富的语言实践中，发展在具体语言情景中正确有效地运用祖国语言文字进行交流沟通的能力。语文学习不能单纯停留在阅读层面，落实到具体的语文实践活动中才更重要。中文师范生可以组织语文社团，开展朗诵、演讲、戏剧表演等语文实践活动。

（三）多元融合，提升素养

新高考卷语用题考查学生的核心价值、学科素养、关键能力和必备知识。其中"学科素养"是指即将进入高等学校的学习者在面对生活实践或学习探索问题情境时，能够在正确的思想价值观念指导下，合理运用科学的思维方法，有效整合学科相关知识，运用学科相关能力，高质量地认识问题、分析问题、解决问题的综合品质。① 作为未来教育工作者的中文师范生也应当具备良好的学科素养，那么寻求多元融合不失为一个好的方向。

第一，中文师范生要充分整合跨学科资源。新高考卷语用题材料体现出跨学科的综合性，意在引导教学进一步打破学科壁垒，注重各类基础知识的融会贯通，培育学生跨学科的意识和视野。2021 年新高考 I 卷材料"雪衣藻"属于生物学科，2023 年新高考 I 卷材料"天宫课堂"属于物理学科，2024 年新高考 I 卷材料"睡眠与健康"属于公共卫生与预防医学学科，这些跨学科材料意在引导教学进一步打破学科壁垒，注重各类基础知识的融会贯通，培育学生跨学科的意识和视野。因此中文师范生在日常学习中要有大学科思维，在学习语文的同时，广泛涉猎其他学科知识，如历史、哲学、文化学和社会学的知识。可以尝试设计跨学科的语文教案，将其他学科的知识和技能融入语文教学中。还可以尝试开展跨学科教学活动，如跨学科阅读、跨学科写作等。中文师范生有跨学科思维，在进行跨学科资源整合的基础上，将之运用在语文教学实践中，有利于丰富教学内容，未来也可以帮助学生学习到更多知识，开拓视野。

第二，中文师范生要进行多媒介融合。在信息技术飞速发展的今天，现代教育不应囿于课堂甚至校园的一方天地。数据信息的唾手可得让教学有了更多的可能性，也极大地提升了教育的效率和品质。新课标强调要鼓励教师积极调动各种教学资源，运用多种媒介和信息技术呈现学习内容。在当下的语言文字教学中，无论是教师的教学过程设计还是学生的自主课外探究，都可以充分利用信息技术资源。因此，作为中文师范生，我们应当熟练地掌握各种信息技术，比如 PPT 制作、音频剪辑、视频编辑、微课制作、投屏等，尽可能地搜集与整理有助于语言文字学习的网站、公众号、软件等，通过互联网等多种信息技术手段，打造语言文字补充学习的资源库，拓展学习渠道、引导深度学习，为将来充分调动学生的学习积极性与自主探究性，促进学生阅读经验、能力的提升做好充分的准备。中文师范生应不断提升自身的综合素质，充分挖掘多种媒介资源，力争将来在教学内容上打通不同学科及领域的壁垒。比如在教学修辞手法时，可提前制作微课视频让学生预习，上课时再针对难点问题进行讲解，同时布置用修辞造句的课堂

---

① 教育部考试中心：《中国高考评价体系》，人民教育出版社 2024 年版，第 13 页。

任务，利用智慧教育平台上传学生作品，全班一起评价，这样运用多种媒介实现从课前到课堂的全链接，落实"教学评"一体化。

高考评价体系"从高考层面对'培养什么人、怎样培养人、为谁培养人'这一教育问题给出了根本回答"①。新高考语言文字运用题注重情境、试题灵活、选材多样，同时指向语文核心素养，注重教考衔接，这是对高考评价体系的具体落实与细化。教学改革的步伐从未停止，作为未来教师的中文师范生们，只有不断更新教育理念，积极实践并反思，提升教研能力与素养，才能胜任新时代的语文教育。

---

① 教育部考试中心：《中国高考评价体系》，人民教育出版社 2024 年版，第 2 页。

定性·评价·发展

——汉语言文学师范生专业培养的有效路径

祁　缘[*]

随着语文新课程改革，语文教学中引入了各种教学方法与教学理念。基于精准地观察语文教育改革发展的走向和趋势、现实和未来，以及教学赛课、名师讲课，其重要意义绝不止在于探寻课堂和执教者本身，更多的在于所显示出来的语文教学的现状、现实。作为一名想要成为或者即将成为的准语文教师，必须深入思考语文教师在职业生涯中的不可替代性，为胜任培养未来新一任学生的学习能力和语文素养打稳地基。

一、新课改背景下语文学科的本质探讨

（一）观点解读

经过深入研究学者关于语文课程本体价值的文献，我们可以清晰地发现：语文课程的根本价值深深扎根于对祖国语言文字的熟练掌握与运用。这一发现与《普通高中语文课程标准（2017年版）》中对语文课程的定义不谋而合，进一步强调了语言文字在语文学习中的核心地位。因此，提高语文的关键能力则应是指，在学习和运用祖国语言文字的过程中，不仅需要掌握扎实的语文必备基础知识，还需要形成关键的语言运用与迁移能力，以及在形成自己的知识地图和知识体系的基础上根植出深厚的语文学科核心素养。同时，运用祖国语言文字开展的

* 作者简介：祁缘（1999—　），女，湖北武汉人，黄冈师范学院文学院2022级硕士研究生。

综合实践性学习活动，也成为了研究的热点和兴奋点。这些研究不仅有助于我们更深入地理解语文课程的本质，也为我们的教学实践提供了有力的指导和支持。

语文学习在于培养学生多方面能力，而在语文学习初始阶段，人不可能将所有所需达成的目标囊括于语文学科范畴之内，学生最先接触的是一个又一个的语言符号，文字书写、词汇积累以及语法规则已然成为打好语文学习的语言基础知识，进而提升阅读技巧、文本分析、文学鉴赏的阅读理解能力和写作技能、创新思维、逻辑思维、批判性思维等写作思维能力，这不难看出文字的表达与学习永远是其他能力与素养的依托，就如同盖房子的地基一般。语文课程的本体价值，是语文这门学科对于学生和社会所具有的核心意义或者价值。当然，形成的语言运用、思维发展、审美鉴赏和文化传承等语文能力的偏重与否，取决于语文教育目标、课程设计和学生的实际需求。语言文字的运用，学者们认为从"双基"到"三维"再到"核心素养"正体现了这种培养目标的现代转化，也体现了学生本位的教育理念。① 基于此，笔者认为，语文学习隐性地要从小培养学生对语文的兴趣，更重要的显性的要求则是发展学生的语言能力。简单来说，即把握好词汇言语组合规律，学会好好说话，帮助学生更好地学习与认识、感知与理解、把握与运用文字本身，从而提高综合素质。

语言表达中实际上也是剧烈的思维训练，但语言文字表达与运用仍是主要的。语言文字是语文学习的核心，语言运用是关键。为此，笔者采访了身边任职时间不长的青年教师，问他们同一个问题简答之，即认为教学中教语文最缺的是什么？大多数给出的答案是教育机制、言语智慧、语言修辞等这类说法，正所谓"言之无文，行之不远"，说明教师在教学中"怎么说"是至关重要的。笔者时常也会感慨，为什么在论述同一个意思时人们用不同语言去组织、表达的时候所散发出的魅力不同，语言的边界即世界的边界，言语文字的领域真的太广博了，好好表达与深入是语文学习的重中之重。语文的意义固然很重要，但还是得思考一下"得意学言"与"由言得意"谁是基础的问题，在认识上我们要看到并承认，语文性质的工具性是核心，但又不仅仅是简单的依附思想意识、价值理念的纯工具，它能传达人文的部分，有着独特的认识倾向，但主观来说，使用怎样的

① 董欣、杨淑雅、李跃麒：《近五年〈聚焦语文真问题〉专栏研究热点及特征探析》，载《中学语文教学》2020 年第 9 期。

语言去表达，笔者认为是语文学习者最值得深入领悟的。

（二）交叉观点

评估一个师范生（教师）在教学方面是否成熟，主要依据两个方面：是否具有明确和一致的教育观念、是否具备独立处理教材内容的能力。语文的教育与学习追求两大核心目标：首先是"明确的目标"——培育学生的"理解力"（重视听与读）和"表达技巧"（强调说与写）；其次是"潜在的目标"——培育学生的人文素养，这主要体现在知识和文化的沉淀以及对学生心灵世界的塑造上。尽管这两个目标是相互补充的，但它们之间存在着主与次、明显与隐晦，以及本质与非本质的差异。在语文教育和学习中，"显性目的"被视为中心目标，简而言之，它指的是"阅读与写作"，而语文课程注重综合性、实践性学习。如果"听说读写"是语文学科的任务，就意味着它具有兼容并包、接触万事万物的特性，对内容的充实就应该是语文学科本身的任务之一。在语文课堂上注重和理解别的学科知识乃是必要的，文化知识储备就是语文学科学习的常备军，如此才能促进学生更好地提高其"听说读写"的能力。如果更加肯定于语文教学的"独当之任"，即语文教学的聚焦点应该是话语形式，即"怎么说"，语料库是有利于语文能力的达成的，不同领域之间的关系是互相补充、共同促进的。因此，我们也要辩证看待。

二、新课改背景下语文课程改革发展现状

（一）语文教育和教学面对的具体挑战

在师范生的人才培养过程中，主要存在的问题包括：以学科知识为中心的教育观点、不合适的课程设计、单调的课程执行方法以及缺乏教育和教学的实际情境。语文教育具有"人"的特性，语文教育与其他教育一样，也应该有自己独特的价值取向。针对师范生的语文素养把关，应站在教育立场上由学科本位转向素养本位，在课程设置上从单一维度转向多维度检验，在课程实施上由单一的理论讲授转向具有情境化的多样方法。语文教育改革发展，语文教育进步提升，任何

决策、任何方案都必须看语文教师的反响和反应。① 为了更好地培养师范生语文教师的核心素养，我们应该在教育策略上从以学科为中心转变为以素养为中心，在课程设计上从单一的角度转向多方面的方法，并在课程执行上从单一的理论授课转向多样化和情境化的教学方法。要使师范生成为优秀语文教育人才，需要有良好的环境氛围，也离不开有效的策略支持。随着语文教育的改革与进步，语文教育的质量也在不断提高，因此，任何的决策或方案都应基于语文教师的反馈和看法来制定。中文师范生专业成长也需要这样的"回应性"思考和实践。目前，中文师范生对任务群教学、群文阅读、大单元教学、诗词教学和文本细读教学这些与语文学科核心素养相结合的教学方法表现出了浓厚的兴趣。

（二）前沿问题思考

以大单元为例，大单元教学可以与传统教学方式相配合，从一篇课文、一个主题进行拓展和深入，也可以灵活运用"问题解决式""项目化学习""跨学科学习"等多种方式。其落脚点是核心素养的培养，出发点是为解决目前因单一课时、单一知识技能教学模式带来的知识碎片化、技能训练僵化等问题。采取诸如"大单元""大概念"等新的教学方式，有利于培养学生的整体思维、创新思维、批判性思维以及深度学习能力。普通高中语文新课程标准和统编教材实施以来，语文教师对实施大单元教学已达成共识，思想认识上去了，但大部分没有实践落实，出现了"学做两层皮"现象，主要原因：一是教师本人不愿下功夫。大单元教学的备课量大，教学设计要有全局观念，要结合核心素养、学习任务群，根据学生实际情况来整合提炼文本，课前准备的工作量大，教师容易滋生畏难情绪，加大备课负担。学校对于是否实施大单元教学没有硬性要求，因此教师不愿意下功夫去探索和实践。二是缺乏实践指导，不知道如何下手。大单元教学实施理论听得多，但对实施的具体方法和手段缺乏感性认识，缺乏对语文大单元教学实施方法的指导，部分教师受本身专业素养的限制，不知道如何下手。三是因工作惯性和升学压力不敢去尝试。教师对于单篇文本教学轻车熟路，形成了自己比较成熟的教学体系。教材配套的练习册是以单篇形式呈现的，讲一篇练一篇，用起来方便。初高中学校至今普遍重视中高考成绩，单篇教学因为有了成熟经验，老师

---

① 张蕾：《思维理性：语文教师专业成长的关键》，载《语文建设》2019 年第 10 期。

们不敢轻易尝试大单元教学。大单元教学需要学生提升自主学习能力，学生自主学习不到位，会影响教学效果，影响中高考成绩，这也是学校不进行硬性要求的顾虑。因此，在大家尚没有完全理解大单元教学的情况下，不根据教师、学生的素养，大一统地推进，非坏事不可！

三、汉语言文学师范生专业培养的有效路径

一位有志于在事业上有所成就的准语文教师，在其专业发展之旅上，离不开以下几个关键词：读书、写作和磨课。读书需要善于汲取作家作品的文字精华，多阅读才会让你的文字活起来；写作则是在阅读基础上的发展提高，它属于输出创造，对深化人的思维认识、提高语文能力的作用巨大。与此同时，准语文教师也要关注自己的内心，这样才能让自己的文字被引导和滋润，想要变成一个语文素养较高的人，应该在驾驭语言文字能力这方面对自己有所要求。

(一) 锤炼语言，让表达变得"有魅力"

语文教师应掌握的基本功之一是专业化的写作能力，这种能力不仅包括口头表达的力度和效果，更体现在文字上。正如我们期望美术教师擅长绘画、音乐教师善于演奏一样，我们同样期望语文教师不仅能够撰写文章，还要对写作充满热情。语文教师的写作能力可以分为几个类别：文学创作、日常应用文写作以及专业研究论文写作。擅长文学创作的语文教师能够引导学生进入文学的殿堂，历史上有许多语文教育家，如朱自清、叶圣陶，他们通过自己的文学造诣影响了无数学生；而那些精通日常应用文写作的教师，在语文教学领域同样能大放异彩，例如杂文大师吴非（王栋生）先生就是一个杰出的代表；至于专业领域的写作，如读书笔记、教学感悟、课后反思等，这些都应该成为语文教师必备的技能。

(二) 丰富阅读，让思维变得"有广度"

语文教师如果真心希望在职业领域有所进步，那么他们应该创建属于自己的阅读策略。为了平衡学生的共性与个性，教育工作者既要突破专业界限，同时也要广泛突破自己的狭隘视野，大量的阅读将有助于提高自己的理解和辩论能力。

张超老师在这个方面提供了值得参考的实例，他高度重视专业文献的阅读，尤其是作为他启蒙教育的读物，《聊斋志异》具有深厚的语文教学氛围。他在文章里提到了阅读经验，深入研究了李镇西、钱梦龙、于漪、魏书生等文学书籍，反映了语文教师在专业成长时需要考虑的两个主要方面：文学和教学方面的阅读。文学阅读旨在通过阅读经典的文学作品来丰富个体经验并培养对语言的敏感性。实际上，我们经常看到语文教师对语言不够敏感，也缺乏在文学欣赏和文学教育中不可或缺的坚实直观神经。因此，对于语文教师而言，专业的阅读首先应该是按照文学的原则来解读文学创作。针对需要教学的读物，人们可以从思考和研究的角度深入研读各专业经典文献和杂志，其目的在于启发思考、学习新手法、刷新观点并拓宽视野。作为汉语言文学师范生，阅读文学是至关重要的，这样可以让你的语言始终充满活力和生动感；此外，我们应深入研读学科历史，掌握该学科的历史发展过程，并吸纳前人的知识和智慧。在深入阅读专门的教材后，还应增加对教育教学理论的关注，强化教学研究，从而确保自身思考方向更为明确和深入。

(三) 定位角色，让方向变得"有信度"

汉语言文学师范生要定位好自己的角色，做到专业化上课，即区别于写作的口头语言表达，为以后的职业奠定坚实基础。之所以提出这种专业化的说法，是因为中文作为我们的第一语言已经变成了习以为常的惯语。教师在成长过程中，持有专业的精神和态度是绝对必要的环节。窦桂梅老师曾经深有感触地说过，要想让教师迅速进步，一个有效的策略是增加公开课的频率。无论是教师进入职业生涯还是成为杰出的教育者，公开课都扮演着不可或缺的角色。通过在学校、县和市三个层级定期开设公开课，持续地进行实践和反思，感受教学过程中的喜悦和艰苦，然后将这些经验应用到日常教学活动中，将会产生教学的新见解。若不经历这一精细且充满挑战的过程，真正的领悟和情感体验将是相当困难的。通过日常多听和组织更多的公开课，那些被认为是"原始"的教学内容可能会逐步呈现出趋近于完美的课堂。从某种角度看，公开课被视为一个理想的标准，驱使我们持续追求更高的准则。这也提醒汉语言文学师范生在备课、教学方面下足功夫，深挖教材。阅读和写作构成了教师宏观战略层面的"大备课"，而日常的教学准备则表现为微观战术层面的"小备课"。二者虽属于不同层面，却互相补充。优秀的"大备课"能够在一定程度上弥补"小备课"的不足，但即便"小备课"做得再好，也无法替代对教学大局的深刻理解。

在教学实践中，我们常见到教师主导讲解过多，学生参与活动偏少的现象。新教师往往集中于如何优化自己的讲解，而经验丰富的老教师则更着眼于如何有效指导学生学习。若从更高的视角审视，语文教师的阅读、写作和授课都是达成目的的手段，真正的宗旨在于促进学生的全面发展。因此，将关注点放在学生身上，研究并促进学生的发展，应成为教师专业成长路径中的核心前提。教师应持续提升自身的专业能力，确保教育活动始终围绕学生的需求和成长展开。

为什么当代流行"语文谁都可以教"的说法？文科给人的感觉更像是踢皮球般的存在，我们理当正视这个问题，积极回应和拿出实际态度驳斥，让除本专业以外的人不再侵袭语文学科的领地，让本专业学生教得有区别于其他学科学生的天然优势。对于汉语言文学师范生的培养，首先应该关注学科核心问题"我要学什么"，要对教材内容有深度钻研和细读，结合新课标理念多思考如何落实以学生为本位的教学体系，努力把自己看成是一名科研员，注重自己的问题意识，培养解决实际问题的能力。同时，要合理完成和落实学习语文相关的基础课程的学习，诸如古代文学发展史、现当代文学发展史、现代汉语、语言学概论等是语文学习内容的重心，这与语文注重文本深层研读的目标相一致，只有基础课程知识扎实，才能让语文学科立于不败之地，使得教师在语文学习领域熠熠生辉。时代的发展不仅对语文课程、人才培养提出了新的要求，语文教师绝不能满足于作为知识的传递者和问题的诊断者，更需要在博览群书的基础上有自己善学习、爱学习的方法，做学生语言文字实践活动的引导者，做承担学习活动的设计者，紧密关注课程改革的前沿热点，不断提升自己的专业素养。

路漫漫其修远兮，吾将上下而求索。只有专业才能赢取你的尊严。要不断加深自我学养，即"读功""听功""背功"，强调在对话和自我省思中，不断磨砺自我学识，强调追求精神生命的确证，不断进行学术创新，强调教育情怀的牧养，这是语文教师专业发展的原生动力。作为未来的语文教师，我们需要被崇高的教育理想引领、被坚定的教育信念支撑、对学生、专业和教育事业怀着一种执着而深眷的爱的情感，以及由此所形成的一种大胸怀、大格局、大境界。

核心素养视域下汉语言文学
师范生素养培育路径研究

孙君怡*

教育大计，教师为本。习近平总书记在《关于教育的重要论述》中提出，"要把加强教师队伍建设作为建设教育强国最重要的基础工作来抓"①。加强教师队伍建设是推动基础教育高质量发展的首要之义，而孕育一批具备学科核心素养的师范生队伍是助力基础教育"扩优提质"的必要之务。

为响应基础教育高质量发展的号召，《新时代基础教育扩优提质行动计划》明确指出要"推动基础教育扩优提质，推动实施高素质教师队伍建设"。② 由此可见，素养建设已经成为提升当下教师群体乃至师范生群体核心竞争力的关键突破口。汉语言文学师范生作为新一代语文教师的后备军，既是语文从教者，亦是语文学习者，其自身核心素养的培育，也关乎着未来学生必备品格和关键能力的发展。《义务教育语文课程标准（2022年版）》（以下简称"新课标"）从学生发展需要的角度界定了语文核心素养的含义，更对各级师范院校以及参与语文教育研究的汉语言文学师范生群体提出了时代之问——汉语言文学师范生自身的核心素养之为何？如何推进本专业师范生的核心素养培育？近年来，师范生核心素养的内涵、特点及培养策略等问题引起研究者持续关注，但针对汉语言文学师范

---

　* 作者简介：孙君怡（2000—　），女，湖北房县人，黄冈师范学院文学院2023级硕士研究生。

　① 《加快建设教育强国为中华民族伟大复兴提供有力支撑》，载《人民日报》2023年5月30日01版。

　② 《关于实施新时代基础教育扩优提质行动计划的意见》，http：//www.moe.gov.cn/srcsite/A06/s3321/202308/t20230830_1076888.html。

生核心素养的研究成果却极为匮乏。①

有鉴于此，文章将探析汉语言文学师范生核心素养的内涵，挖掘其与语文学科核心素养之间的内在一致性；并通过当前汉语言文学师范生核心素养培育困境，探究汉语言文学师范生的未来成长路径，发挥"核心素养"这一工具在强化汉语言文学师范生队伍建设中的重要作用。

一、汉语言文学师范生核心素养发展的内在之"意"

21 世纪伊始，经济合作与发展组织（OECD）首次提出"核心素养"，其内涵指向是"21 世纪的学生应具备的适应终身发展和社会发展所需要的必备品格与关键能力。"② 2014 年，教育部《关于全面深化课程改革落实立德树人根本任务的意见》首次从国家层面明确"核心素养"的概念，使其迅速成为教育研究的新视角，掀起基础教育"素养"热。

近年来，教育部先后出台多部文件，相关要求中均涉及师范生核心素养。《中学教育专业认证标准》以师范生的毕业要求为切入点，将师范生核心素养凝练为践行师德、学会教学、学会育人、学会发展四个维度；《中学教育专业师范生教师职业能力标准》则是从能力角度，将师范生需要具备的核心素养提炼为师德践行能力、教学实践能力、综合育人能力、自主发展能力。③ 依照广东第二师范学院桑志军教授的观点，语文教师的核心素养可以划分成为基础知识与基本技能素养、教育问题解决素养、专家思维素养以及教师情意素养等。基于此，本研究将汉语言文学师范生核心素养的内在之意归纳为主要的四大维度、八大指标（见图 1）。

对于汉语言文学师范生而言，其核心素养是指在接受汉语言文学教育与师范训练过程中逐步形成的，适应未来语文教师学习、发展及基础教育所需的专业素养、关键能力和必备品格，是语文情意、专业学识、良师技能、发展意识的综合

---

① 周会凌：《新师范背景下中文师范生核心素养的内涵及提升策略》，载《科教导刊》2022 年第 12 期。

② 顾之川：《论语文学科核心素养》，载《中学语文教学》2016 年第 3 期。

③ 周会凌：《新师范背景下中文师范生核心素养的内涵及提升策略》，载《科教导刊》2022 年第 12 期。

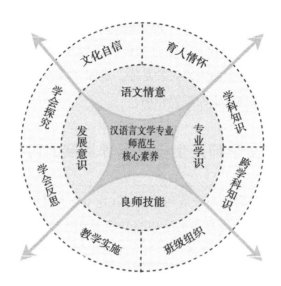

图 1　汉语言文学师范生核心素养层级要素

体现。

　　语文情意具体指向汉语言文学师范生在成长阶段的文化自信力与育人情怀，即教育意志层面的核心素养。新课标将"文化自信"放在语文核心素养首位，对汉语言文学师范生而言，提升文化自信力的关键在于对所学课程进行资源整合，对中小学阶段的语文教材进行细致的解构与分析，掌握拓宽文化视野、深入参与文化生活的方法和途径，并将语言文字中获得的情感道德修养传递与落实到教育学生的过程中，使学生在语文学习中能够坚定信念、砥砺前行，从而发挥语文教师立德树人的根本任务。

　　专业学识是指汉语言文学师范生在丰富的专业课程学习中，在知识积累上发挥主观能动性、积极整合学科知识体系；了解跨学科特点和学科融合意识，以汉语言文学专业知识为轴心，融合教育学、心理学等专业学识，形成个体知识地图，具备跨学科学习能力和教学能力。

　　良师技能则是指汉语言文学师范生通过观摩学习、课程评价、自主实践，获得的语文课程教学实施能力以及班级组织能力。而发展意识是指汉语言文学师范生在语文教育教研、语文课堂教学实践的这一过程中发现问题，探索疑问，从而学会探究、学会反思。

汉语言文学师范生的核心素养是一个整体，总体呈现出向外发散性和拓展性，这种发展性确保了汉语言文学师范生能够持续进步，跟上教育领域的创新步伐，同时意味着在保证师范生核心素养内核稳定的基础上，要随着时代的发展和教育的需求而不断赋予其新内涵。因此，培育未来的语文教师，不仅要在已有教育模式下锻造坚实的素养基础，更要向外开拓，探索其成长可能，充分尊重汉语言文学师范生群体的成长必然性和发展未知性。汉语言文学（师范类）专业可以此为参照，为培育师范生核心素养绘制可行路径。

二、汉语言文学师范生核心素养发展的现实之"困"

熊纪涛在《从教师专业提升看语文学科核心素养的落实》中将语文课被人随意评说、人人似乎皆可评说的现象归纳为当前语文人的"专业危机"①，造成这一现状的缘由归根结底是因为准教师群体——汉语言文学师范生们在走向职业岗位前尚未具备扎实的专业理论素养，在扎根教师岗位的过程中亦忽略自我专业提升。因此，对正处于师范院校培养模式中的汉语言文学师范生而言，强化核心素养建设能够助力其实现专业化成长。

就现状而言，各级师范院校汉语言文学专业的人才培养方案既有响应基础教育改革大背景的新创新，又有传统育人模式下的旧体系。聚焦核心素养视角，各单位对师范生的培育暴露出课程体系固化、实践课程单一、偏移学生导向等问题，造成汉语言文学师范生陷入以下困境。

（一）专业情意方面：思想游移、定位偏移

于漪先生指出"让生命与使命同行"②。作为未来的语文教师，汉语言文学师范生应当朝着实现知情意行相统一的核心素养而踔厉前行。发展知识核心素养与实践核心素养发展固然重要，情意素养也相当重要。语文教师核心素养既有学

---

① 熊纪涛、张硕：《从教师专业提升看语文学科核心素养的落实——熊纪涛访谈录》，载《语文教学与研究》2024 年第 5 期。
② 张烁：《"让生命与使命同行"》，载《人民日报》2021 年 9 月 15 日。

科属性特点，又有职业属性特点，而在职业属性中，情意方面的素养特别重要。①

但就现状而言，汉语言文学（师范）专业在人才培养的过程中出现了师范人才流失、中小学教师人数失衡、城乡教师落差大等社会现象。以 H 省某师范院校汉语言文学（师范）专业近两年师范生就业情况调查为例：除升学以外，尽管大多数师范生仍选择从事中小学语文教育工作，但依旧有较高比重的师范生人才流失。在从事中小学语文教育工作的师范生群体中，服务于县级以下乡村地区的师范生人数少，选择前往县级及以上城市地区私立学校的师范生人数多。造成这类现象的原因是汉语言文学师范生在教育情怀层面的"思想游移""定位偏移"。思想游移指的是师范生在学习语文基础知识、训练语文教育技能的过程中并未确定好以成为具备专业核心素养的语文教师为目的的起驶航线，学习动机不明确。定位偏移指为汉语言文学师范生在进行就业规划时受到社会诸多因素影响，以社会地位、城市地位等因素衡量工作选择，轻视乡村基础教育，归根结底仍是汉语言文学师范生在学习阶段道德信念不够坚定，情意素养未建构完全。

（二）专业理论方面：学非实用，学法单一

就大多数师范院校的课程体系而言，汉语言文学师范专业本身知识体系庞大，涉及内容广泛，直观呈现给学生的是学习内容的广泛性以及理论知识的深刻度。就课程内容来看，高校课程建设重视知识本位，偏重于汉语言文学学科知识体系，较少从师范生核心素养发展的角度出发，考虑师范生的关键能力发展，导致汉语言文学师范生缺乏问题意识、探究意识、创新意识，难以挖掘知识背后的能力要求。就课程板块来看，汉语言文学专业课程板块主要围绕三大核心——语言学、文学、教育学，在此之下又各有分支课程。诸多课程的设置是因人设课，依据教师的专业特长而开设，不是从培养语文教师核心素养需求开设相关理论课程。② 由此造成课程板块陈旧化，专业用书理念过时，难与基础教育高质量发展

---

① 桑志军：《基于语文教师核心素养的师范生培养路径探析》，载《教育理论与实践》2023 年第 43 期。
② 桑志军：《基于语文教师核心素养的师范生培养路径探析》，载《教育理论与实践》2023 年第 43 期。

的改革要求保持同步。

另外，受到传统教学模式的束缚，高校教师多采取"教师－课本－学生"的知识传统授受式，缺少智慧教学的方法和手段、在过程性与多维性评价的理念与落实方面亦有所欠缺，表现出以教为主，教学方法、教学模式单一。

因此，不完善的课程体系使师范生难以从浩瀚的复杂知识体系中提取与生活贴近、与从事语文教学工作相符合的应用型知识，从而使得其面临"学非实用"的学习困境；以教为主的传统教学模式使师范生难以打破知识体系的壁垒，建立起与知识对话的情境，从而丧失学习热情和积极性，陷入从"有用的课"到"听不进去的课"再到"没用的课"的认知误区，认为"学难致用"。

(三) 专业实践方面：知识在场，身体离场

师范生需要将专业理论知识转化成教学工具，经过反复实践的打磨，才能顺利地走向教育工作岗位。但结合师范院校汉语言文学师范生发展现状来看，当前汉语言文学师范生学与习的时间多，思与行的机会少。具体来看，师范生虽经历过由通识课程到学科课程的学习，了解本专业知识体系建构，并通过学业水平考试掌握了部分核心知识，形成了"知识在场"的表象模式，但知行却未统一，由于汉语言文学师范生学科教育技能实践内容固化，训练形式薄弱，致使其走向"身体离场"的现实困境。

从实践内容来看，在教育实习前，以语文学科教学技能训练为主的实践大多是采取"无生试讲""教学展示"等传统模式，师范生远离了真实中小学教学场景，难以实现由学生到教师的角色转换，同时，在教育实习的过程中也相应受到这种实践训练的影响，过于专注理论性课堂，忽略对教师备课、磨课、听课的重视，导致实习获得感低，实践成效不明显。

从实践机会来看，综合实践课程开设数量少。对比多所地方师范类院校汉语言文学（师范）专业课程方案，各院校所开设的课程中通识教育课程、学科专业课程、教师教育课程总和占比较大。而教师综合实践课程仅有少数，集中表现为"教育实习""教育见习""教育研习""语文教学技能训练"等，且课时分布不均衡，主要分布在6~7学期。尽管大多院校的培养方案中明确指出学科教学技能训练最低时限，但由于不同院校教学资源不一、师范生众多等现实情况，实际

分配给每位师范生的训练时间是不足的。

从实践时间来看，专业理论知识需要在师范生学习前置学期传递给师范生，而综合实践课程往往存在开课时间晚、课程周期短的特征，由此造成了师范生专业理论学习与专业实践之间存在时间差，于是师范生在学习理论知识时，尚未形成"学什么"的定向思维，难以有目的有方向地将汉语言文学理论知识进行归纳与整合，并尝试内化于心；在走向实践时受到记忆遗忘作用的干扰，又难以从过去所学的专业理论中提取语文教学知识，并外化于教育实践当中。

三、汉语言文学师范生核心素养发展的未来之"路"

美国心理学家塞利将个体经历某种学习后，在面临不可控情境时形成无论怎样努力也无法改变事情结果的不可控认知，继而导致放弃努力的一种心理状态称之为"习得性无助"。素养短板如若不及时加以解决，就会成为阻碍汉语言文学师范生自我成长的最大障碍，致使其产生无助心理，对语文教学的未来失去信心。因此，各级师范高校应当突破传统教育模式，将学科核心素养落实在人才培养的方方面面，从自身突破，实现以用致学。

（一）坚持产出导向，倡导以用致学

"产出导向"作为师范类专业认证三大理念之一，为师范生核心素养培育指明方向，要求根据师范生毕业时应具备的核心素养来反向设计课程目标、结构、内容、教学方式及评价标准。[①] 以"产出导向"为指引，首先，要树立破旧意识，打破传统授课模式。新师范课程体系建设应落实在强化基础知识、突出教学实践、注重应用能力三个方面，使师范生教育教学知识、能力与素质得到综合培养，有效提升其核心素养，造就高素质专业化创新型中小学教师。汉语言文学专业课程体系的"旧"并非指知识的陈旧，而是教学内容固定导致的课堂陈旧，为保证知识体系的完整，教师过于注重讲授知识的内在逻辑框架，却忽视了汉语言文学师范生发展语文核心素养的时代需求。因此，教师应当激活课堂，改变固定

---

① 王艳玲：《从"老三门"到"课程统整"：我国教师教育课程制度变迁及未来展望》，载《教育发展研究》2024 年第 44 期。

模式下知识的传统授受模式，以素养为导向，以师范生的知识需求为路径重组课堂，赋予知识型学科以生活化、实用化。例如，在语言学课程的实施课堂中，教师应对标师范生核心素养发展与学生语文核心素养"语言运用"的能力需要，从语言运用的表现形式诸如作文、文言文、语言文字运用等习题反推身为未来语文教师应当具备的语言学概念及知识，使得高等教育传统课程不再束之高阁，而是成为真正实用的学科。其次，要坚持开放观念，倡导跨界融合的课程理念。传统的高校课程体系封闭性较强，忽视与外界的联系。要在核心素养的指导下推动汉语言文学专业的开放化，既要以发展师范生学科素养为目的，推动语言学、文学与教育学等专业理论知识之间的融合；又要以发展师范生实践素养为目的，以专业实践为题，考查师范生专业理论知识掌握；更要以培育师范生创新素养为目的，推动汉语言文学师范类专业与其他学科师范专业之间的融通，构建不同学科师范生交流平台，以自然科学的思辨力、艺术科学的鉴赏力促进汉语言文学师范生核心素养的全面发展。最后，要树立创新意识，建立"打破学校围墙"的课程体系。走出以课堂为中心的知识学习模式，定期开展名师讲座，拓宽师范生专业素养获取途径；既要推动数字素养走进校园，利用好国家中小学线上教育平台，构建互联网通讯下线上+线下的学习空间，又要助力师范课程走出校园，结合地方校本特色，依托自身地域特色和汉语言文学师范生核心素养，构筑特色课程群；充分利用好当地文化资源，各级师范院校可采用文学采风、地区调研等形式将"语言学概论""中国传统文化"等知识课程转化为符合汉语言文学师范生核心素养发展的听说读写课程。

(二) 创新实践模式，融入真实情境

汉语言文学师范生只有扎根实践沃土，在真实教学和真实研究中锻造自身素养建设，将来才能成为更符合时代要求的语文教师。各级师范院校作为人才的摇篮，应以培养师范生实践能力为第一要务，强化其实践素养建设。

首先，应深化实践训练体系建设。汉语言文学（师范）专业应当构建起时间连续化、空间多向度的师范生实践训练体系，借助理论课程的知识平台，将实践训练融入其中：在低学段通识课程学习阶段融入"三字一话""现代信息技术""不同类型应用写作"等基础训练；在中学段专业核心知识学习阶段融入"中学

语文教材解读""中学语文教学技能训练"等学科特色鲜明的实践训练;在高学段则是以教育见习、实习为主线,融入与中小学实践环境相匹配的"班主任风采展示""教育基础调研"等综合应用型训练。由此,打破传统课程体系中实践与理论的藩篱,勾连起符合师范生素养成长的实践体系,以满足师范生实践发展需求。其次,应创造性地开发汉语言文学师范生实践课程,加强实践资源建设。除传统的基础性、学科性实践训练外,应致力于不断创新,建设具备语文特色、突出教师素养的实践课程。一是围绕语文教师的写作、阅读、口语等核心能力,开展"卓越人才创新班",通过写作展示课、情境大汇演、阅读分享课等形式培育师范生核心素养;二是利用数字智能时代的环境优势,引进 AI 人工辅助师范生技能课训练。由此,为师范生提供更有新意更富有师范特色的课程选择,构建智慧学习平台、教学平台,丰富师范生实践资源。最后,要创设课堂情境,融入富有真实性的课堂体验。汉语言文学师范专业可定期组建访学团队,带领汉语言文学师范生走进示范性中小学,体验真实校园语文课堂开展模式,与名师对话,与学生对话,提前培养从业熟悉感;同时,可与部分中小学建立互通有无的合作关系,定期举办具备"全真"性质的教学技能比赛,打破大学校园与中学课堂之间的壁垒,使师范生的技能训练真实地练、处处可练、时时可练。

(三) 围绕学生中心,厚植情怀建设

汉语言文学师范生核心素养主要面临的意志困境是从业信念偏移、就业情怀缺失,从而导致乡村教育人才不足,城市教师过于拥挤等情况反复出现。因此,各级师范院校应将教师情怀这一核心素养融入汉语言文学师范生的专业理论学习与实践训练中,使其能够坚定从业信念与理想,为素养成长奠定坚实的思想基础,坚持围绕学生中心,厚植情怀建设。

首先,将教育情怀融入师范生课程教学,以"润物细无声"的方式塑造意识领域素养建设。一是从加强道德教育与教师情怀相结合,在师德培育中让汉语言文学师范生体会到语文教学不仅仅是传道、授业、解惑,更要做到跟学生同心、与学生同行。二是加强思政教育与乡土情怀相结合,鼓励未来语文教师发挥模范作用,争做时代先锋,勇立时代潮头,为教育工作特别是乡村教育事业贡献力量。三是挖掘汉语言文学课程中的知识情怀,使汉语言文学师范生从中华优秀传

统文化、革命文化、社会主义先进文化中汲取文化自信力，投身语文教育。其次，将教育情怀融入乡土语文教师培育计划，时刻关注师范生情绪诉求。汉语言文学（师范）专业培养单位应建立起校乡共育共同体，沟通起大学校园与学生家乡之间的桥梁，了解师范生从业愿景，培养师范生树立高远从业理想。同时，应当将"三下乡"实践课程纳入师范生的教育情怀培养体系中，让学生在走向工作岗位前就深入体会基层语文教师亦"师"亦"长"的角色定位，开设名师访谈、主题论坛，构建师范生与乡村语文教师之间的对话场景，从真实对话中厚植师范生的从业理想。最后，作为未来的语文教师，汉语言文学师范生也应懂得育人必先育己，情怀素养的建设要从自身下功夫，要坚定语文教师信念，瞄准自身需求，利用资源平台寻找自我素养短板，为成为有理想、有情怀、有素养的未来语文教师而不懈努力。

核心素养视域下汉语言文学师范生的培育成长之路充满未知与挑战，未来的优秀语文教师队伍建设需要人才培养单位以及师范生群体的一致努力。各级师范院校应基于对师范生核心素养的深刻认知，深入体察师范生素养发展困境，在课程体系建设上坚持产出导向，用以致学地推动素养建设；在实践层级创新上融入真实情境，扎根学科素养；在教育情怀塑造上围绕学生中心，关注学生成长。以核心素养为基，共筑基础教育高质量发展下汉语言文学师范生成长之路，共绘"学有优质，学有优教"的未来教育图景。

核心素养下汉语言文学师范生的
专业培养与发展路径研究

莫健军*

党的二十大报告强调，培养什么人、怎样培养人、为谁培养人是教育的根本问题。2018 年以来，教育部等相关部门先后颁布教师教育振兴计划、卓越教师培养计划等，强调师范生综合素质和教学能力培养，建设一支适应基础教育改革需求的高素质专业化的教学队伍。2022 年 4 月，教育部等八部门又印发《新时代基础教育强师计划》，强调师范教育的地位作用、目标规划、实践教学创新等。当前，我国优质师资的培育，在速度和质量上都不能满足人们对高素质教育服务的要求。作为未来语文教育后备军的汉语言文学师范生，其人才质量直接关系到基础教育语文师资队伍的素质。因此，汉语言文学师范生的培养，尤其是面向基础教育的语文师资队伍，具有十分重要的意义。

一、汉语言文学师范生核心素养的内涵

中小学学生的语文核心素养，在《义务教育语文课程标准（2022 年版）》和《普通高中语文课程标准（2020 年修订版）》中就有相关描述。但对于汉语言文学师范生，未来将要成为语文教师的学生们来说，他们应要具备怎样的核心素养呢？南京师范大学的钟柏昌教授和李艺教授曾提到，核心素养可以分为三层结构：第一，"双基"层，意思是指基础知识和基本技能；第二，"问题解决"层，意思是指解决问题的方法和这过程中所激发的态度；第三，"学科思维"层，

---

* 作者简介：莫健军（1999— ），男，广东云浮人，黄冈师范学院文学院 2022 级硕士研究生。

主要是说世界观和方法论。① 虽然两位教授所提到的内容是针对基础教育的，但其核心素养的三层结构体系，对于汉语言文学师范生的核心素养建构具有一定的意义。另外，汉语言文学师范生，未来是要成为语文教师的，具备双重属性，既具有在校学习当语文教师的相关知识与技能的学生属性，又具有成为语文教师的职业属性。因此，除了上述三层结构外，汉语言文学师范生还应有职业属性的素养，即语文教师的情感和态度。

综上所述，汉语言文学师范生的核心素养可分为四层，即基本知识和技能素养（以下简称"基本素养"）、解决问题素养、学科思维素养和情感态度素养。在这四层里，基本知识和技能素养是基础，是汉语言文学师范生必备的知识和技能，需要有汉语言文学专业知识技能、教育教学专业知识技能和文化科学知识技能等；解决问题素养是关键，是汉语言文学师范生根据具体的教育教学情境，运用所学知识和技能来解决教育教学问题的素养；学科思维素养是升华，是汉语言文学师范生经过解决不同的教育教学问题后，逐步形成的独特的思维方式和方法论；情感态度素养是根本，是汉语言文学师范生对待教师职业的情感态度，它贯穿在汉语言文学师范生核心素养的其他三个层次之中，没有良好的情感态度，汉语言文学师范生就缺乏激情和动力，无法顺利提升其他核心素养。

二、核心素养下汉语言文学师范生的专业培养

根据以上所提到的汉语言文学师范生核心素养的内涵，分析出汉语言文学师范专业培养的四个方面。

(一) 从"未来教师"的要求，丰富汉语言文学师范生的基本素养

基本素养是汉语言文学师范生必备的知识和技能，是需要他们具有汉语言文学专业知识技能、教育教学专业知识技能和文化科学知识技能等内容。近年来，不少汉语言文学师范生的培养逐步被边缘化，甚至"去师范化"，导致汉语言文学师范生参加工作后，不能很好地适应学校教育教学的模式和要求。汉语言文学

---

① 钟柏昌、李艺：《核心素养如何落地：从横向分类到水平分层的转向》，载《华东师范大学学报（教育科学版）》2018 年第 1 期。

师范生，未来是要当教师的，就应以"未来教师"的要求来培养他们，他们未来要教别人知识，自己得先具备足够的知识。

首先，他们需要一系列的专业课程体系来提升自己的基本素养，这些专业课程应包括汉语言文学专业课程、教育教学理论与技能课程、文化科学课程等模块。其次，还应结合一线中小学语文名师案例进行分析，深入研究名师案例，研究他们如何引导学生、如何评价学生、如何设计教学等。经过这些一系列的分析，能够给汉语言文学师范生在教育教学技能方面带来很大帮助。再次，汉语言文学师范生要精通多媒体教学工具的使用，学习如何运用网上评分系统；要对语文学科中的最新教育理论有所了解，及时更新自己的课程观念和教育教学的前沿理念。最后，汉语言文学师范生还应强调专业的书写技能——"三字一话"。中共中央、国务院印发的《关于全面深化新时代教师队伍建设改革的意见》中也提到，强化"钢笔字、毛笔字、粉笔字和普通话"等教学基本功和教学技能训练。但是，随着社会的飞速发展，信息技术的普及，人们的写作水平却在不断下滑。可是，作为一个师范类学生，将来的语文教师，基础的写作技能不能弱，笔顺和笔画更不能有任何差错，这都要勤加苦练，勤加练习。

（二）从"具体实际"的情境，提升汉语言文学师范生的解决问题素养

解决问题素养是汉语言文学师范生的关键，是汉语言文学师范生根据具体的教育教学情境，运用所学知识和技能来解决教育教学问题的素养。汉语言文学师范生在学到相关知识后，能否将自己所学知识和技能运用到具体的教育教学情境当中，这关系到他们进一步的发展。因此，汉语言文学师范生去接触具体的教育教学情境就变得尤为重要。

在高校师范专业中，有教育见习、教育实习和教育研习（简称"三习"）三种教育实践形式。而汉语言文学师范生更应通过"三习"来将自己所学运用到实践当中。"三习"实践教学是在传统教育实习模式的基础上，为拓展师范生知识体系，提高师范生实践教学能力，在校内外导师的协同指导下，将学校已学的学科理论知识、技能方法和教育学等相关知识运用于实践教学，从而全面提高师范生综合素质的教学方式。中共中央、国务院印发的《关于全面深化新时代教师

队伍建设改革的意见》中强调"师范生教育实践不少于半年"。

我们要做实汉语言文学师范生的"三习"工作，要切实做好师范生"三习"教育，使其全面参与学校的所有工作，不仅要参加听语文课、上语文课、评语文课、批改作业、监考、阅卷和早晚自习等日常工作；也要积极参加学校的教研和班会工作，如语文教师集体备课、主题班会、赛课、班级管理等。让汉语言文学师范生的"三习"分层次、分项目地实施，逐步熟悉中小学的教育情况和教学工作，并与中小学教师一起学习、生活和工作。在夯实教育教学基本技能的基础上，继续充实其教育实践经验，提高其教育实习成效，为其踏上工作岗位奠定坚实的基础。

（三）从"教育专家"的标准，促进汉语言文学师范生的学科思维素养

学科思维素养是汉语言文学师范生的升华，是汉语言文学师范生经过解决不同的教育教学问题后，逐步形成的独特的思维方式和方法论。2018年1月，中共中央、国务院印发《关于全面深化新时代教师队伍建设改革的意见》强调"培养造就数以万计的教育家型教师"。那么，对于汉语言文学师范生的培养，也应以教育家型教师来促进汉语言文学师范生学科思维素养的发展。

首先，汉语言文学师范生要阅读各种各样的文学作品，熟悉中小学教材的选文。如阅读小说，要弄清人物、环境、情节等要素；阅读诗歌，其中要抓住意象、意境和语言等。同时，还会进行散文、小说、剧本等创作。在这样的情况下，汉语言文学师范生就要具有文体思维的自觉，熟悉某一文体的阅读方式和写作形式，不断在学习和教育教学实践中强化自己的文体思维。其次，当汉语言文学师范生具体阅读某一文本时，均需一个基本的能力，即概括和分析。对内容的总体把握是概括，这是细读的首要条件。汉语言文学师范生更应表现为细心揣摩、品味语言文字。这个揣摩、品味语言的过程，其实就是一种分析。概括是分析的来源，分析是对文中内容的补充和完善。再次，在不同的作品当中，都会或多或少地出现"留白"的内容，这些"留白"的内容，需要汉语言文学师范生进行想象，每个人想象到的可能会不同，会出现多样化的内容。这样，能够训练汉语言文学师范生的想象思维和创造性思维。最后，语文是最具有人文色彩的课

程，中小学教材里收录了许多古今中外的文学作品和文化著作。关于这些内容，同样的一句话，每个人对这句话的理解都会有所不同；就算是在同一个问题上，有相同的思路，得到的答案也截然不同，但又是合情合理的。因此，汉语言文学师范生还应具备批评性思维。

（四）从"立德树人"的高度，加强汉语言文学师范生的情感态度素养

情感态度是汉语言文学师范生的根本，是汉语言文学师范生对待教师职业的情感态度，它是贯穿在汉语言文学师范生核心素养的其他三个层次之中的。

作为未来的教师，汉语言文学师范生的培养，首先，要培养强烈的教育情感和清晰的职业认同，要让他们自己能够明确语文教师的身份，清楚自己在学生学习语文中的传授者角色。当面对学生学习效率低下、学习环境不理想、学习态度不正确的情况下，他们可以主动地从自己的消极情感中解脱出来，积极地调整自己，适应实际情况，并采取强有力的对策来解决这些问题。从汉语言文学师范生的发展来看，有了浓厚的教育情怀，有了明确的职业定位，他们就能及时调节自己的情绪，在学校、家庭和社会等多种情境下，就能顺利地转换。其次，要促进情感发展的互动，要做到对所有学生个性的尊重，要对学生的发展给予关怀，要重视知识的分享、平等的交流和共同成长，要努力做学生成长的"四个引路人"和成为符合中学教育教学需求的高质素、专业化的"四有好老师"。当他们面临学生受伤、学生吵架、学生不尊重老师等教育情形时，能够保持理智冷静的头脑，主动调节自身情况，根据具体实际采取有效的措施帮助学生进行调整。最后，要培养崇高的教育信念和责任，树立以生为本、师德为先、能力为重、终身学习的基本理念。可以通过讲解"教育家的精神"，也可以播放语文名师教育教学视频，让汉语言文学师范生认识到教育家和语文名师在对待教育上的信念和责任是怎样的，从而进一步深化他们的教育信念和责任。

三、核心素养下汉语言文学师范生的发展路径

根据上述所描述的汉语言文学师范生核心素养内涵和专业培养，其发展路径

可以从知识立场本位向核心素养本位发展；从单一情境向多样情境发展；从一维思维向多维思维发展。

（一）从知识立场本位向核心素养本位发展

从知识立场本位向核心素养本位发展是汉语言文学师范生专业发展路径的关键。核心素养是指适应终身成长与社会发展需求，培育积淀的关于自身与环境的基本理念、反应模式与技术方法。[①] 核心素养本位的专业发展路径，是以学生为本——以培养"完整的汉语言文学师范生"为教育目标。因此，上述汉语言文学师范生的核心素养便能成为促进他们融入教育教学的动力。对于汉语言文学师范生的培养，一定要按部就班地帮助他们提升自己的核心素养。同时，从"知识立场本位"转向"汉语言文学师范生核心素养本位"，要正确理解知识在其中的价值。在前面也提到了汉语言文学师范生核心素养的第一层次是基本素养，那么，知识也是汉语言文学师范生核心素养的重要组成部分。但是，其核心素养不以知识的系统构建为最终目标，具备系统的知识不等同于具备了汉语言文学师范生的核心素养。倘若要从知识这一维度去衡量汉语言文学师范生，并不是看他们是否具备系统的汉语言文学专业知识体系，而是要看他们能否将这些知识运用到具体的教育教学情境当中，能否通过学到的知识与具体实际相结合后促进自己的学科思维素养和专业成长。

（二）从单一情境向多样情境发展

从单一的情境向多样的情境发展是汉语言文学师范生专业发展路径的拓展。情境形式的过分单一，即便教师创设的过程再丰富热闹，也很难从实践教学中获得应有的教学效果。在教师授课的传统模式下，汉语言文学师范生只有在课堂里进行学习，接触相关知识，同时，单一、枯燥的内容会降低汉语言文学师范生的参与度，从而无法真正让其提升核心素养，无法有效促进他们的发展。在这种情形下，学校可以为汉语言文学师范生提供多种多样的情境化教学或学习，让他们能够在丰富的情境中快乐地学习各种知识和技能；同时，也采用具体的教学案

---

① 任德欣、马成胜、郭雅茹：《大学生核心素养框架体系探析》，载《西部素质教育》2023 年第 14 期。

例，让他们能够接触到更多关于教育教学的具体情境，进而在教育教学的具体情境中丰富其核心素养。

另外，虽然学校里往往会局限于某一情境学习，但汉语言文学师范生自己也可以从单一的情境中转向多样的情境发展。例如：汉语言文学师范生在进行"教育三习"时，能够接触到全新的环境、鲜活的情境，他们在上课时可能会遇到学生不听讲、遇到学生讲话、遇到学生吵吵闹闹等课堂管理问题；也可能会遇到学生对某个知识点把握不好、学生学习能力缓慢、学生学习困难等学生学习问题；还可能会遇到学生不尊重老师、学生不听老师劝、学生调皮捣蛋等学生教育问题。这些不同的情境，汉语言文学师范生在学校学习里不容易接触到。因此，当汉语言文学师范生在"教育三习"期间，可以积极主动去接触、去了解、去解决，通过解决具体的教育教学问题，汉语言文学师范生才能不断将所学知识运用到实践当中，不断提升自己解决问题的素养。

（三）从一维思维向多维思维发展

从一维思维向多维思维发展是汉语言文学师范生专业发展路径的进阶。多维思维方法就是主体在思维过程中，从多个思维起点出发，把握多个思维方向和思维角度，沿着多条思路对思维对象进行全面、系统、整体等综合思考，以寻最优结果的科学思维方法。多维思维既是帮助我们理解世界的方式，也是协助我们解决问题的工具。

学校在培养汉语言文学师范生时，要尽可能地让他们从多个方向出发，通过不同的视角，挖掘不同的内容，并给予不同的解释。当学校教师听到汉语言文学师范生各种各样的回答时，不应慌张、急促不安，而是应冷静、正确地看待他们所提供的思路，一同丰富思路、一同向前发展。同时，语文这个学科，本身涉及丰富多彩的文本阅读和写作，阅读他人的作品时，往往每个人有每个人的诠释，那在这个阅读过程里，会想到关注文本的语言、关注文本的人物、关注文本的情节、关注文本的"留白"等，这个时候，汉语言文学师范生们从这个角度想是这样的，从那个角度想又是那样的；当汉语言文学师范生开始写作时，自己会面临写作的各种问题，如整体布局、选材、语词选择、表达形式、个人风格等，有时还会出现这个时间段写完的作品，到另一个时间再翻出来，又会有不同的想法和感觉，从而进行调整。

　　通过提炼出汉语言文学师范生核心素养的内涵，进而探索出汉语言文学师范生专业培养的四个方面，即从"未来教师"的要求，丰富汉语言文学师范生的基本素养；从"具体实际"的情境，提升汉语言文学师范生的解决问题素养；从"教育专家"的标准，促进汉语言文学师范生的学科思维素养；从"立德树人"的高度，加强汉语言文学师范生的情感态度素养。最后，依据汉语言文学师范生核心素养的内涵和专业培养的内容来挖掘其发展路径，能够为学校培养汉语言文学师范生带来一些帮助。

立足"人本"理念，夯实语文专业能力

——论语文教师专业能力的提升路径

张　娜　沈嘉达*

"师者，所以传道受业解惑也。"教师的专业素养对学生的成长发展起到至关重要的作用。要成为能力过硬的语文教师，当从高校汉语言文学师范生抓起。随着新时代的快速发展，新课程改革也正如火如荼地展开，而"人本"理念贯穿于新课改的始末。当今社会对于语文教师专业能力的要求越来越严格，内容越来越细化，因此每一名教师都应该从教语文教材转变为教语文，不断开阔自己的视野，在"教书育人"上树立更高的目标，着力提升自身语文专业素养。

高校汉语言文学师范生在研读《义务教育语文课程标准（2022年版）》（以下简称"新课标"）时，不仅要关注立德树人、学科核心素养、语文学习任务群、学业质量标准等关键内容，还要认真学习"教学研究与教师培训"提及的八条建议，不断提升专业素质和教学能力，从而更好地落实新课标，实现语文学科教学的质的提升。本文将对新课标下语文教师的专业发展问题进行深入分析。

一、语文教师专业素养的内涵

（一）教师专业发展的界定

教师专业发展即教师专业能力的发展，通俗称为教师专业能力的全方位、多层次发展。依据"人本"理念下关于语文教育的明确要求，本文认为教师专业发

＊ 作者简介：张娜（1998—　），女，山西吕梁人，黄冈师范学院文学院硕士研究生；沈嘉达（1963—　），男，湖北黄梅人，黄冈师范学院文学院教授、硕士生导师。

展是指教师在教育教学活动中，自身具有的知识储备、教学技能、研究、育人等专业能力提升与发展的过程。

（二）"人本"理念下语文教师专业能力的内涵

1. 语文知识素养

新课标对语文教师的知识素养提出更严格的要求，提出教师不仅要具备学科专业知识，还要吸收新增的语文核心素养专业知识，以"人本"理念统领语文学科教学，两者相辅相成，互为基础。

2. 过硬的语文教学能力

语文教师的教学能力直接关系着学生核心素养的生成。要求教师必须熟知课程理念、了解语文学科体系，掌握学生学情，依据"人本"理念对学生进行教学点拨升华，使学生将知识转换为能力。在不断的教育实践中探索规律、总结经验、因材施教，实现素养教育最优化。

3. 育人能力

"学科育人指向学生个体精神发展的全部"，与"人本"理念中培养全面发展的人完全契合。新课标体现了语文教学新要求，学科核心素养展现其学科育人价值，如何实现核心素养与语文学科育人目标的衔接，语文教师的育人作用举足轻重。

4. 迁移运用与创新能力

语文教学是与其他学科联系最为紧密的一门学科。语文教师的专业素养，不仅限于文学素养，更重要的是要将知识具象化，便于学生理解。语文教师在教学中一定要保留学生创造力与思维流动的结果。在教学时，教师就要通过联系生活或其他一切知识，将其快速整合、归纳，从而让知识通过迁移运用，建立微妙联系，从而构建学习支架，促进学生思维的流动，促进其创新意识的形成。

二、"人本"理念下语文教师专业能力的提升路径

(一)加强自主探索,提升反思意识

一位能力优秀的学生背后必定会有一位综合能力过硬的老师。新课标字里行间体现着"以人为本"的教学理念,对语文教师来说在教学中更应一以贯之。"人文性"是语文学科区别于其他学科较为显著的学科特征,这也与"人本"理念有较强契合性。因此这一理念的贯彻就要渗透在日常的语文教学中,浸润在文字阅读、情感体验之中,这就要求语文教师要有深厚的理念渗透能力。这种能力实际上需要考验其是否具有深厚的语文专业素养。而这种能力的养成绝非一日之功,需要一位老师用一生去探索、反思,而这种探索、反思意识得以落实最重要的是需要语文教师对语文教学具有敬畏感,对语文知识的探索要具有自觉性,并且对于语文素养的提升要有源源不断的动力。对于一名高校汉语言文学师范生来说,在此期间就一定要培养其对语文教学的自觉探索、反思意识,这一意识的养成对于语文教师的一生来说举足轻重。

途径一,养成自主探索意识。

处在科技飞速发展的新经济时代,获取知识的途径也日新月异,学生的知识面也越来越细化,教师必须加强学习自觉性,树立终身学习理念,及时更新扩充语文专业知识。一是要善于将语文"生活化"。语文是有温度的学科,所以一切语文都来源于生活,没有生活,语文就没有了灵魂。在语文教学中一定要善于捕捉生活中与语文教学相关的文字、感触、联想,注重学生的生活感受,与生活建立联系。二是要学会多途径探索。科技改变世界,而学习途径也因其而改变颇多。由于科技的飞速发展,对于新时代语文教师来说,学习无处不在,学习渗透其实更具碎片化。网络短视频会以最短的时间、有趣的形式,图形声并茂地将一点点感想、文字内涵展现在人们面前,其中有趣又富有深意的段子、句子或者一个生活情境都可能为教学中的一个切入点将其晦涩难懂的文字得以具象化,将整堂课的内容得以升华。比如,清明节将至,作为语文教师被网络上"要写清明,就不能只写清明……"这样的段子所内化,与传统文化结合,让同学们以这一句

式扩写一段文案，这样既参与了网络中的讨论热潮，提高了学生学习的积极性，还与实际生活、传统文化等多方面建立了很好的联系，这就是语文的魅力之处，更是语文教师自主探索的成果。三是需要教师学会归纳联想。语文所涉及的知识面及极广，在新课程改革背景下，语文教师更应把读书作为专业发展的需要并形成一种习惯，只有这样才具有可持续性、具有不竭的"源头活水"。语文教师不仅要大量地去汲取语文知识，更重要的是将新旧知识建立联系，把具有某些相似点的知识内容总结归纳，建立起一个知识网。面对同一情境，为了让同学们可以更好理解某一知识点，教师要能举一反三，在反复练习中让学生的这一知识能够融会贯通，将语文知识变成一种语文素养，最终成为一种自身能力。通过自主探索学习，不仅扩充知识面，还能够在不断汲取知识的过程中获得满足感，有助于增强教师专业认同感，从而为教师专业发展提供不竭的内在学习动力，最终形成一个自主学习良性循环。

途径二，逐渐养成反思意识。

在信息技术飞速发展的今天，学生的思维方式、表达形式都发生了很大改变，个性化特征十分突出，对于语文教师来说，更应该做到因材施教，去根据不同学生的实际情况，因势象形，去促进其语文核心素养的生长。在此过程中，语文教师作为一个能够触摸到学生心灵的特殊群体，更需要立足"人本"理念，不断反思教学中的得与失，才能在不断反思中寻找教学突破口，促进其语文专业素养的精进。在备教材中，"备"学生学情至关重要，不同学生对于同一个问题的理解度完全不同。比如在讲授《庄子与惠子游于濠梁之上》一课时，对于文本中最具探究意义的字"安"的理解，让同学们寻找哪个字能表现文本的论辩之妙，在思想活跃、成绩较好的班中，同学们在一番讨论后是可以找出来的，但是对于成绩稍微落后一点的班级的同学们经几番寻找点拨后还是没能找出来，这就需要语文教师根据不同的学情进行灵活预设，寻找不同路径引导学生找到答案。因此反思不仅思考教学中知识的传授是否准确，更重要的是传授的效果，学生是否都很好地吸收内化，只有在不断反思中才能不断精进语文教学的质量与效果，不断反思教学时引导与抛出问题之间的关系，怎样引导才能使学生自然而然地想到你想要到达的层次，这需要语文教师一生去揣摩。

（二）审视解读文本，学会归纳整理

解读文本素来都是每一位语文教师着重打磨学习的重头戏。精准地解读文本是语文教师上好课的前提。语文教师究竟要将文本解读到何种程度？有学者聚焦多维视角，从多个视角出发，互为支点、相互影响、相辅相成。首先站在语文视角，挖掘学科本质；其次纵观读者视角，读出自身见解；再次透过作者视角，把握文本价值；最后教师透过学生视角，寻找语文教学的基本规律。语文教学与文学阅读最大的区别在于阅读对象，因此在语文文本解读的过程中，学生视角是不容忽视的，而教师只有站在学生角度去审视解读文本，才能够真正找到属于学生学习的教学路径。在教学《石壕吏》的过程中，对于诗歌主旨的把握，对于文本解读的答案有很多层次，比如有人提出对于老妪来说我们应该赞赏她勇于担当的可贵品质，但是这样一来难道要说老翁逾墙走的可耻吗？实则并不，对于学生来说，能够与老妪一家感同身受，感受到这一家人的悲惨艰苦，能够产生同情之感才是重中之重。因此，教师的重点在于通过炼字，感受杜甫字里行间无不流露出的对百姓的深切同情。这是结合学生视角以及作者视角之后审视解读的结果。

根据这个例子我们应该懂得，语文教师要有思想。在语文文本解读的过程中教师也应该具备较强的思考性。语文教师应该阅读什么书？怎么读？首先，通过阅读教育经典培植教育情怀；通过阅读名家专著汲取教育智慧，滋养教育动力，此类阅读"足以怡情，足以博采，足以长才"。其次，语文教师要海量阅读专业书籍，找到适合自己的阅读路径和方法，最重要的是学会归纳分类。因此，作为一名汉语言文学师范生要做到以下几点：第一，找准目标，实施计划。根据新课标以及"人本"理念对语文教师提出的要求，制订详细可行的读书计划。做到泛读与精读的统一，精读统编教材规定书目，泛读与文本有密切联系的资料文献，广读并了解学生喜闻乐见的书籍文字。第二，培养审辩思维，学会归纳分类。通过多途径阅读汲取吸收文字内涵，学会独立审思，构建知识体系，运用思维导图勾连大量知识材料，形成分类文库。第三，以生为本，构建多种类知识体系。

研读文本和归纳整理是促进语文教师专业发展的"双翼"。作为汉语言文学师范生，只有不断探索提高研读效率与归纳之法，才能实现自身专业的不断生长。

（三）培养创新意识，尊重思维体验

在语文学习中，创新意识的培养至关重要。语文教学不仅仅要教会学生知识，更重要的是要让学生会学知识，也就是要学会思考，在思维的碰撞中一定会有创新。语文的学习不能仅仅局限于课本，更应该走出去，让学生拓宽知识视野，才能让学生去亲身感受文字的魅力。当同学们面对苏轼留下的千古绝唱时，不仅仅可以通过背景的补充、字词的解读、音乐的感染让学生体会诗人魅力，还应该走出去，到苏轼生活过的地方走走看看。面对黄冈学子，教师就应利用地域优势，在学《赤壁赋》的时候，带着学生到赤壁进行研学活动，这样身临其境的感受会比形式单一的讲授品味要立体得多，在这样的情境之下，学生的思维才会更加活跃。

而在语文教学的过程中，教师一定要尊重学生的思维体验。一千个读者有一千个哈姆雷特。语文作为一个具有"人文性"特征的学科，其独特之处就是在于学生对于一个问题的解读可能是多种多样的。面对应试的压力，越来越多的教师更加注重标准答案，其实对于思维来说，那有什么对与错，只不过是思考角度不同罢了，面对不同的声音，语文教师应该把这些声音保留下来，学会倾听每位同学思维的跳动，感受其带来的美妙感受。

教师创新素养的培养是学生学习的榜样。创新素养中涵盖了意识、动机、方法、思维流动等，所有都会转换成教师的人格魅力，并会在潜移默化中变成学生创新意识形成的动力，进而促进学生成长，并为其发展创造良好条件。

（四）形成语言直觉，建构语言体系

教师在教学过程中，对语言的处理一定要恰到好处。生动的语言可以将抽象变得具体，吸引学生注意。在语文的四大核心素养中，"语言的建构与运用"是区别于其他学科的独一无二的一项素养。要想培养学生的语言建构与运用能力，语文教师首先要有对语言有敏感的语言直觉。比如在讲授《北冥有鱼》时，面对从未接触过老庄思想的学生来说，和他们讨论世间万物都有所待，对他们来说可能是对牛弹琴，但是如果我们能够转化思维，不去一味地解读庄子难以解释清楚的思想，而是去带领学生解读课文到底写了一件什么事。有一位老师在此将整篇

课文的立意高潮解读为："愿我们的同学也能够成为那只鲲鹏，也能拥有自己心中的南冥，而在你通往南冥的路上，老师也希望成为那六月的风。"正是因为具有敏锐的语言直觉，才能够捕捉到鲲鹏、南冥、六月息之间如此具象化的比喻。因此，教师应当积极丰富中国语言文字的文化语境，在教学中培养学生的语言感知力。教师的丰富的课堂语言有利于激活学生的语言建构能力，同时发展教师的语言直觉。

（五）提升审美敏感，把握语言魅力

语文教师的审美能力体现面广泛，从自我形象到对多媒体使用到文章鉴赏，都需要教师有敏感的审美能力。

一方面，教师需提升自身审美敏感，敏锐地捕捉美好的人、事和物，善于发现生活之美，产生独到见解；需要教师不断挖掘，教师将自己的审美体验传递给学生，学生在生活中发现美、捕捉美、鉴赏美，进而感触语文魅力。在讲授《关雎》一课时，有一位教师不仅仅让同学们感受爱情的美好，更重要的是让同学们学会如何去爱。通过男女生分组寻找对方是如何求爱的，告诉同学们正确的恋爱观：发乎情，止乎礼。告诉男孩子们要想拥有美好的爱情，就要有"琴瑟友之"的能力，需要不断提升自己；而对于女生来说一定要美好文静，自由而稳重，"左右"慎重选择。老师一般只会通过反复诵读体会其重章叠句所带来的音韵轻快的魅力，但对于此阶段的孩子来说是要让同学们树立正确的恋爱观。这样一来，教师通过自身敏锐的审美体验，引导学生获得美好而健康的审美感受，从文字中读出语言的魅力。

另一方面，教师要规范自身言行举止。师者为师亦为范，教师是人类灵魂的工程师，承担着神圣使命，要坚持教书和育人相统一，坚持言传和身教相统一，坚持潜心问道和关注社会相统一，坚持学术自由和学术规范相统一。作为汉语言文学师范生，更需要树立自己正确的师德师风，端正自己规范的行为准则，以德立身、以德立学、以德施教。叶圣陶先生曾说过："教育工作者的全部工作就是为人师表。"作为教师要以自己的"言"为学生之师，"行"为学生之范。教师首先要注意自身的形象，其次教师依据自身审美，制作符合学生审美发展的教学课件，帮助学生扩充理解美好的事物在生活中的细节。语文教师需要从提升自身

审美修养开始，形成审美知识结构，从而落实到教学环节。

语文教师专业发展研究永远在路上。在新课改背景下，作为新时代语文教师的后备军，必须立足"人本"理念，将新课标作为自身教学依据，不断钻研其语文专业素养发展，突破固有定势思维，与时代发展建立紧密联系，更新其语文教师专业发展观，实现学习与反思良性循环，形成源源不断的动力，探索教师专业发展中涌现的新问题，寻找有效对策并深入反思与探索，从而获得对教师专业发展观的新认识，为成为一名真正的语文教师而不断奋斗。

融合·实践·评价

——汉语言文学师范生专业发展的有效路径

邱舒琪　曾　军*

新课程改革是针对现有教育课程体系进行的改革措施，旨在提高教育质量，更好地适应社会发展和人才发展的需求。在提出新教学理念的同时，新课改亦对当代语文教师提出了新要求。作为一线语文教师的储备军，高校汉语言文学师范生们需要具备较高的语文素养与教学技能。如何跨越高校教育课程学习与一线实践教学之间的屏障，有效促进汉语言文学师范生专业发展成为亟待解决的问题。目前汉语言文学师范生主要来源于各大师范院校汉语言文学专业学生群体，因此汉语言文学师范生专业发展的有效路径亦需从其中进行探究。

一、汉语言文学师范生专业发展的现状与困境

要想探究汉语言文学师范生专业发展的有效路径，就必须对其专业发展和课程学习的现状进行分析，而目前汉语言文学师范专业发展问题产生的原因主要可归纳为以下几点。

(一) 课程体系封闭化

"传统的高校课程体系封闭性极强，忽视与外界联系，各学科间缺乏学术信息交流，只注重本学科知识的逻辑性。这样的课程体系，远离学生的生活，致使

＊ 作者简介：邱舒琪（1999—　），女，福建连江人，黄冈师范学院文学院 2022 级硕士研究生；曾军（1973—　），女，黄冈师范学院文学院教授、硕士生导师。

课程缺乏生机与活力。"① 当前汉语言文学专业课程体系主要由文学、语言及公共基础课程三大部分组成，其中，文学与语言类课程承担了语文专业素养培养与提升的任务。文学类课程一般包括文学概论、古代文学、现当代文学及写作等相关课程，语言类课程一般包括语言学纲要、古代汉语及现代汉语纲要等相关课程。这两大类主干课程虽然涵盖了较全面的专业知识，涉及听说读写各方面，但也正因为学科理念的专业性之强，使其与当代社会市场需求的关联性不够紧密，因此在一定意义上说，它只能保障学科逻辑的圆满而不能响应时代需求的号召。同时，课程的内容也表现出一定的封闭性，如传统应用写作课与文学写作课教学内容无法满足社会市场创意写作、微剧本创作及文宣编辑等需求。因此，改变传统课程体系封闭化现状是当前汉语言文学师范专业发展面临的一大难题。

（二）教学手段单一化

从教学原理上看，教学内容是教学活动的灵魂与核心，教学手段是实现教学内容的工具和方法，因此课程性质与教学内容对教学手段的选择有一定的限制作用。当前汉语言文学专业课程的强学科理论专业性，在一定程度上限制了教师教学手段，使其更青睐于强调理论化知识的传授方式。但以知识，尤其以理论性较强的知识传授为目的的教学，易形成以讲授为中心的课堂教学模式，甚至产生教师"满堂灌"的现象。这样的教学手段与方式较难调动学生的感悟与思辨能力，实践锻炼的机会更是少之又少，如此也就难以培养出以能力为中心的语文核心素养。知识与能力并非就此舍彼的关系，但掌握了知识也未必就能转化为能力，更何况汉语言文学师范专业教学更强调的是理论性知识而非实践性知识。因此，如何选择能促进学生感悟思辨、参与活动实践的多种教学手段亦是高校汉语言文学师范专业发展需要攻克的一大难题。

（三）教学评价一元化

由于学科课程特点，传统的汉语言文学专业强调学术性理论知识的教学，评价方式主要以过程性评价与总结性评价相结合，通过平时考查成绩与阶段测试成

---

① 李孟辉：《高校课程研究》，上海交通大学出版社 2012 年版，第 187 页。

绩三七或四六等数值占比综合测量学生成绩，考试内容偏重于知识理论的背诵记忆，导致学生对学业成就的评价标准亦过分重视书本化的陈述性知识，而忽视了个人化、实践性的程序性知识。当然，陈述性知识并非毫无价值，但实践性、程序性知识对于学生实践应用能力的养成作用亦不可忽视。同时，高校中的评价权多数牢牢掌握在教师这一评价主体手中，评价方式也倾向于一次性的终结性考评。而汉语言文学师范专业所涵盖的知识体系与内容庞大复杂，这种评价方式不能有效促进学生们课后巩固学习的自觉性，只是满足于考前临时的机械记忆，导致终结性考评收效甚微。

（四）实践训练薄弱化

立足于学科理论性知识之下的汉语言文学专业课程体系，有其自身运转的逻辑规律。正因其知识理论性、逻辑性之强，使其不需过多考虑时代发展与市场需求。理论知识固然重要，但实践训练对于学生的发展来说更是必不可少。高校汉语言文学师范生的发展与培养需要引导其在把握学科知识的基础上，积极主动地与当前信息技术、社会市场的变革对接，需要运用知识扎根社会。而目前大多数师范院校虽然会在大学三年级或四年级时安排学生进行教育实习，让学生走进实践课堂，但教育实习形式任务化的现象依旧屡见不鲜，实践训练薄弱化的问题依旧没有得到解决。总之，在偏重理论与学术、实践训练匮乏的四年课程与教学中，大部分师范生的实践专业技能与语文素养能力未能得到良好的养成与发展，进而产生师范生就业难、专业性不强的问题，这亦是专业知识学习与实践锻炼不相融合导致的结果。

二、汉语言文学师范生专业发展的有效路径

结合新课改的特点，针对汉语言文学师范生专业课程体系封闭、教学手段单一、评价一元及实践训练匮乏等现状与发展问题，本文主要提出以下三点解决措施。

（一）"学术"与"师范"的双性融合

教师教育一般包括教育专业学习与学科专业学习两部分内容，这就使得教师

教育兼具师范性与学术性两大特点。目前汉语言文学师范专业课程教学面临的问题即偏重于理论上的学术性指导，而相对忽视了实践上的师范性培养。但要想培养理论知识与教学能力兼备的新时代语文教师，就必须重视学术性与师范性的协调融合，互促共生。其中，需要强调的是，教师教育的师范性既包括教育专业的师范性，亦包括学科专业的师范性，教师教育的学术性既包括学科专业的学术性，亦包括教师教育的学术性。缺乏师范性的教师教育如盲人摸象不得章法，是缺乏灵魂的教师教育；缺乏学术性的教师教育如无源之水难以精进，是缺乏支柱的教师教育。因此，师范性与学术性是同存并生的关系，二者共同构成了教师教育的两大基石，相辅相成。

那么如何消除师范性与学术性之间的屏障并使其有效融合呢？融合的关键在于打破中文院系与教育院系的学科壁垒。在汉语言文学师范生的培养过程中，课程教学应将汉语言文学专业教育与教师教育有机融合，在语文学科教学中渗透师范性元素，形成教师教育合力。例如在教授文学类与语言类课程时，可以联系一线语文教学教材，从理论知识层面出发，渗透师范性技能，挖掘教学要素，并预留课时进行教法指导与实践教学演练。如此，理论知识的学习有了一定的迁移训练，更能培养汉语言文学师范生对教材进行文本解读的能力，是专业知识学习与教师技能训练的双向促进。只有这样才能培养出懂得教、教得好的语文教师，达到培养教育教学专家、学习专家、学科专家三个专家结合体的教师教育目标，推进语文教师教育的师范性与学术性深度融合，追求富有灵魂的语文教师教育。

（二）"双真"情景的构建

构建语文学科专业实践性知识是指在语文学科领域内，师范生在实际教学中所积累的经验、技巧和方法。这些知识通常是通过书本或课堂教学获得的，需要在真实的教学环境中不断实践、摸索和总结。构建学科专业实践性知识的教学策略主要针对高校师范生培养教学手段单一、实践训练匮乏等问题，通过在专业课教学中创设真实的教学情境与问题情境，引导师范生从个人教育知识建构角度提出真实问题，模拟真实教学实践并从中获得的实践性知识经验。其中包含两个重要因素，即构建真实教学情境与真实问题情境。

在真实教学情境中构建学科专业实践性知识。对于汉语言文学师范生来说，能进行专业实践的活动只有短暂几个月的教育实习，尤其在大学一年级至三年级的学习中基本没有真实教学实践的机会。因此需要在专业教学时，为师范生构建一个高度逼真的教学环境与场景进行实践学习，引导其运用、迁移教育理论知识，以教师的角色参与教学实践，才能有效构建其学科专业实践性知识。例如，通过微格教学创设真实教学情境，包括真实教学任务与问题的设计、学生角色扮演与预设及相关教学录影设备的安排等，都是真实教学情境必不可少的重要组成部分。同时，教师还可以引导师范生进行如导入教学、文言文教学及阅读教学等专项训练，以保证教学情境的真实性与任务驱动性。师范生通过观看自己的教学视频，相互评价教学效果，逐渐构建教育教学实践的基本概念框架，养成教师专业思维习惯，进而习得实践性知识。

在真实问题情境中构建学科专业实践性知识。普林于《教育研究哲学》一书中提到："通过分享问题、疑问和尝试性结论，教师能够建立大量的专业知识，这些知识也许是尝试性的，但经受了批判性质疑，这种知识是通过收集相关资料、解释和对解释加以评判得到发展的。"① 可见，师范生从个人教育知识建构角度提出真实问题并进行解释与探讨对于教师教育能力发展的重要意义。那么构建真实问题情境的关键是什么呢？首先，教师需要依据语文专业特点与学生的知识能力水平，引导其发现问题并筛选出"真问题"。其次，关注"真问题"，依据已有的教育教学现状与教育知识进行合理假设，归纳出合乎逻辑的问题解决措施与方案。最后，实践假设方案，并进行教学反思与方法总结。从学生个人学习经验提出的问题一方面是教学过程存在的"真问题"，另一方面能提高学生的教学参与度与真实体验感，同时通过解决"真问题"得出的结论亦是立足于真实教学情境的，有利于其专业实践性知识的构建与运用。

通过构建真实教学情境与真实问题情境，可以帮助汉语言文学师范生科学、有效地习得学科专业实践性知识，只有在真实情境、真实问题中才能有效地将理论知识转化为实践知识，在解决实际问题的过程中提升语文教学实践能力。

（三）评价的"多元性"与"过程性"蜕变

《义务教育语文课程标准（2022 年版）》强调，"过程性评价对教学的促进

---

① 陈振华：《教师研究与教育知识的发展》，载《教育科学》2009 年第 8 期。

作用；教学应发挥多元评价主体的积极作用；为不同学习内容选择恰当的评价方式；采用有针对性的评价工具，拓宽评价视野，倡导学科融合"①。可见，过程性评价法与多元评价法能有效突出汉语言文学师范专业课程评价的功能性特征，同时发挥教学评价调动师范生学习积极性的作用。

多元评价能有效激发师范生进行教学实践的参与兴趣与主观能动性。它主要包括评价主客体双方的多元化，如教师评价、学生评价及自我评价等不同评价主体，针对如教学目标、教学导入、教学问题设计等不同评价客体进行评价。在评价过程中，教师应根据实际情况将学生划分成不同学习小组，引导小组成员针对不同教学任务进行师生、生生评价，在生生评价与学生自评环节中要注重观察其语言表达能力或问题分析能力的养成与发展。

过程性评价是一种在教学过程中进行的评价，它能够关注到师范生在教学过程中的表现，有助于及时发现问题和提供反馈，促进其教学能力的持续改进与发展。首先，过程性评价注重学习结果与过程的衔接，有效地将评价结果与教学效果进行联系，其中需要注重对师范生学习态度、学习方法与教学实践表现情况等内容进行综合评价。其次，评价结果的呈现也并非简单的分数公布或排名展现，而是针对不同学生学情进行分层评价，如针对专业知识学习与教师技能较强学生的评价标准与维度需要更高、更广，而针对学习能力较弱的学生则只需要进行基础性教学评价。再次，还应合理利用过程性评价的反馈观测作用，教师需要根据师范生的学习情况及时调整教学内容与方法，注重师范生理论知识学术性与教育教学师范性的融合发展。最后，形成独特的评价结果呈现形式，将学生的评价结果以书面的方式呈现出来。

新课程改革对语文教学提出了核心素养、学科实践及学业质量标准等新要求，对汉语言文学师范生的要求也更高、更全面，呼吁培养能够更新教学理念、增强专业素养并注重实践经验的新时代语文教师。因此，高校汉语言文学师范专业培养策略亦应有所改变，构建融合学术性与师范性的专业课堂，创设"真情境""真问题"的教学课堂，合理运用过程性的多元评价，真正打破高校学习与一线教学实践的壁垒，培育新时代的语文教师。

---

① 中华人民共和国教育部：《义务教育语文课程标准（2022年版）》，北京师范大学出版社2022年版，第47页。

新时代汉语言文学师范生的
专业素养及其培养路径

郭莹莹*

党的二十大报告强调，培养什么人、怎样培养人、为谁培养人是教育的根本问题。新时代，党和国家十分关心和重视我国教师队伍建设。习近平总书记用"极端重要性"来论述教师工作的战略定位，突出了教师对于教育事业发展的重要作用。① 汉语言文学师范生作为未来我国中小学语文教师队伍的重要储备军，承载着我国中小学语文教育事业向更高层次发展的殷切期望，是各高等师范院校汉语言文学师范专业的重点培养之才。因此，本文明确新时代汉语言文学师范生需具备的专业素养，并探寻其有效的培养路径，从而促进实现培养高素质专业化的中小学语文教师教育目标。

一、新时代的汉语言文学师范生需具备哪些专业素养

习近平总书记亲临北京师范大学校园，在与师生座谈中提出了"有理想信念、有道德情操、有扎实学识、有仁爱之心"的好教师四条标准。② 这为好教师的培养指明了方向。随着语文教育改革与创新，对汉语言文学师范生即未来的语文教师的专业能力也提出了更高要求。就语文学科的师范生来说，可以从汉语言文学师范生的专业知识和专业能力来分析，一名合格的语文教师需要具备哪些专

---

* 作者简介：郭莹莹（1999—　），女，湖北谷城人，黄冈师范学院文学院 2022 级硕士研究生。

① 严蔚刚：《习近平"坚持把教师队伍建设作为基础工作"重要论述的战略思维》，载《东北师大学报（哲学社会科学版）》2020 年第 5 期。

② 周琴：《教师职业道德与教育法律法规》，安徽大学出版社 2015 年版，第 5 页。

业素养。

(一) 专业知识

具备足够的专业知识是身为教师的基本要求。因此，汉语言文学师范生掌握良好的知识基础是工作能力表现的必要条件，也是进行语文教师职业工作的基本前提。本文在这里把语文学科专业知识分为语文学科知识、教育学相关知识、一般性知识。

1. 扎实的语文学科知识

语文作为中小学的基础课程具有重要意义。语文学科的主体知识主要是指教师的语文专业知识，作为一名合格的语文教师，拥有扎实、系统、准确的语文学科知识是从业的基本保证。因此，对语文学科的师范生来说更要打好基础，掌握扎实的学科专业知识。

语言学知识。语言学知识是语文教学中的重要组成部分，在小学、初中阶段更是占据教学内容中绝大部分的比重，并且在语文教师的知识结构中具有奠基作用。语文学科的语言学知识可大致分为现代汉语和古代汉语两大板块，要传授给学生系统的汉语语言学知识，就要求汉语言文学师范生系统掌握现代汉语体系以及古汉语的常用词汇、语法、句法等方面的知识，在语文课堂上，熟练进行语文语法教学活动。

文学知识。优秀的老师所掌握的知识一定比教材上多许多倍，这样才能游刃有余、信手拈来。语文是一门综合的语言艺术，展示着各个领域的知识与魅力、介绍着各个角落的魅力景观，所以这就要求教师具备深厚的文学素养。汉语言文学师范生在校期间要系统地学习中外文学史及文学著作，掌握文学理论，积淀文学知识。拥有良好文学知识的语文教师有利于激发学生学习兴趣，打造开放而有活力的语文课堂。

美学知识。除了语言学知识和文学知识，师范生还必须拥有一定的美学知识。语文教材中都是精选的文质兼美的文学作品，无论其主题是关于古代市井生活还是现代人文思想的，都承载着多样的审美价值。这就要求汉语言文学师范生具备美学理论知识和相应的文化积淀，才能拥有发现美、感知美的能力，深度发掘文本的审美意味，品味教材的美学深意，并向学生传递美、培养学生的审美能力。

2. 教育学相关知识

一名合格的语文教师不仅要传授学生学科专业知识，还要学会如何管理学生、管理班级、管理好课堂，这就要求汉语言文学师范生提前具有良好的教育学、教育心理学等方面的知识，促进今后教学与管理的成功。

语文教师作为课堂的组织者和引导者，就应当学会相关的科学理论，掌握教学规律和方法，了解学生的身心发展规律，从而制定出合适的教学方法和教学设计。课外面对问题学生能够因势利导、因材施教，遇到突发事件能够冷静合理处理。只有这样才能有条不紊地引导复杂而又有规律的语文课堂，事半功倍地驾驭课堂。因此，拥有教育学相关知识是未来走向教师岗位成功教学的基本保障，师范生在校学习时同样要引起重视。

3. 广博的一般性知识

拥有丰富的知识储备是成为一名优秀语文教师的必要前提。随着信息化社会的不断发展，学生获取知识的渠道增多，反映在语文课堂上的知识也不断更新，学科间相互交叉渗透，互动性日益增强。在新课程改革下，语文这个基础学科的综合性也进一步被强化。除了语文专业知识以外，还涵括人们生活的方方面面，诸如社会、政治、科技、经济、艺术等。语文学科内容越来越庞杂和丰富多彩，想完成一堂语文课，达到预期的教学目的，语文教师要具备广博的知识，这就要求汉语言文学师范生不仅在专业知识方面"精"，还要在其他学科知识方面"广"。

（二）专业能力

从教能力是教师引导学生进行教学活动、完成教学育人任务的能力，是师范生应具有的核心能力。对于语文学科师范生来说，不仅应具有良好的专业知识，同时还需要具备扎实的专业能力。

1. 语言表达与书写能力

教师的任务主要是如何将教材内容转变为学生经验构成的一部分，而语言可以使抽象难懂的知识变得生动形象，书写可以给学生带来好的视觉享受，促进学生学习，所以语文教师语言表达能力的高低与书写能力是教师必备的素养。对语文教师而言，口语表达除了流畅准确，还要生动形象；书写不仅要规范还要美观，以起到良好的示范作用。对此，训练语言表达与书写能力，是汉语言文学师范生的基本功之一。

2. 教学设计与实施能力

教师的教学设计与实施能力能够直接反映出课堂教学效果的好坏，这也是每一位师范生所必备的能力之一。作为一名语文教师，需要具备根据不同的教学任务和目标，进行合理的教学设计，以满足学生的学习需求。同时，实施教学计划的能力也是实现教学目标的关键。优秀的教学设计与实施能够最大程度地提高教学效果，帮助学生更好地理解和掌握知识。在求职过程中，具备教学设计与实施能力的师范生也更容易受到用人单位的青睐。

3. 文本解读能力

特级语文教师于永正强调，"要想真正上好语文课，必须学会解读文本，走进文本，要深入挖掘教材，不能片面地停留在文本的表面，要挖出文字背后蕴藏的东西，只有钻研出语文的味道来，才能上出带有语文味道的课来"①。在语文教学中，具有文本解读的能力是语文教师不可或缺的基本技能之一。语文教材所选的篇目都是古往今来的经典名篇，教师的文本解读能力不仅集中体现了教师的专业素养，而且直接决定了教材教学内容的选择，是教学质量提升的重要基石。对于语文教师而言，文本解读能力无疑是衡量其教学水平与专业能力的一个关键指标。鉴于此，汉语言文学师范生应当积极树立正确的语文教学理念，并努力培养深入文本解读的意识和能力。这是每一位汉语言文学师范生都必须正视并积极应对的重要任务。只有如此，他们才能不断提升自身的专业素养，为未来的教育

---

① 于永正：《小学语文》，人民教育出版社 2007 年版，第 37 页。

事业打下坚实的基础。

4. 科研能力

当今时代需要的是研究型、专家型的语文教师，"教师成为研究者"的呼声日益高涨，并且学校内各类职称评定和教师荣誉也都与教师的科研能力休戚相关，所以传统的教书匠早已无法适应信息化社会。教师的研究对于教学实践具有重要的指引作用，语文教师只有在教学活动中有意识地积累素材，积极开展探究，才能不断提升自身的教学水平。作为准语文教师的汉语言文学师范生也必然要时刻保持思考和研究的习惯，站在语文教育的前沿，积极探索并撰写教育科研论文，为未来成为优秀的语文教师打下坚实的基础。

二、新时代汉语言文学师范生专业素养的培养路径

"百年大计，教育为本；教育大计，教师为本"。师范生是未来教师的预备力量，其在高校培养起的专业素养是今后从事教职的根基所在。下文将从课程设置、教育实践、技能比赛及师资力量四方面开展对汉语言文学师范生专业素养培养路径的探讨。

（一）强化专业课程与语文教材有机融合

首先，课程内容的安排要紧跟语文教育的发展趋势。随着新课程改革的深化，中小学语文教育在课程目标、内容、理念等方面都在不断创新与变化。因此，汉语言文学师范生的专业课程应该立足于教育改革的实际现状，持续对课程内容进行优化调整。为了培养高素质的语文教师，不仅要以专业课程为核心，强化学生的理论知识，还应该密切结合教材，实现与语文教学相融合。例如，现代汉语、古代文学、中学语文课标与教材研究等课程，可基于中小学语文教材中的课文篇目，优化课程内容设置。另外，教师可参照课标中的优秀诗文背诵推荐篇目鼓励学生背诵与研读。这既有助于夯实学生的理论基础，又能引导学生将理论知识应用于教学实践，从而弥补在实际教学中内容深度不足的问题。

其次，课程设置多元化。汉语言文学师范生的课程除了要突出中小学语文课

程与教学理论以及教学技能训练的重要性，同样要增设更多相关课程，彰显语文教育专业的鲜明特色。在专业课程强化学生的理论知识与教学技能的同时，其他课程亦应肩负起一定的实践训练任务，做到课程多元化。可设置写作、演讲、汉字文化等更多同语文教学技能相关的课程，以期丰富课程类型，为汉语言文学师范生创设更多技能学习机会。

最后，重视跨学科课程的设置。语文课程是一门涵盖了历史、地理甚至生物等多个领域的综合性学科，相应地，语文教师的专业素养并非仅限于单一的学科知识，而应包含跨学科知识的综合运用能力。因此，学校需在现有的课程体系基础上，引入一系列融合课程，进行跨学科的课程设计与开发，以满足汉语言文学师范生全面发展的需要。

（二）加强教育实践培训

对于师范生来说，理论课程获取知识素养是基础，有针对性的实践课程对于师范生教学能力的提升同样至关重要。在教师教学技能训练中，"三字一话"是教师所必备的技能，语文学科是一门教学生听、说、读、写的课程，对于汉语言文学师范生来说，"三字一话"的基本功训练应贯穿整个培养过程的始终。除此之外，经常举办一些教学技能大赛，鼓励每一位汉语言文学师范生都参加，在竞争中不断提升自己的能力，给予师范生更多机会进行锻炼。

教育见习、教育研习、教育实习对师范生实践能力的整体贡献度最大，是师范生提升一线教学能力的重要环节。教育"三习"的有效实施能够提升师范生的教育实践能力。师范生通过见习亲身体验并观察语文课堂的实际教学情况，深入了解学生的需求和特点，掌握一线教师的教学方法和技巧，为未来的教育生涯奠定基础。在研习过程中，汉语言文学师范生需要重点反思教学现象，将在实践中获得的教学感受和心得升华为系统的理论，积极与专家教授研讨，这是未来走向专家型教师不可或缺的步骤。教育实习是师范生将所学理论知识应用于实际教学的重要环节。教育实习不仅是高校师范生锻炼自我的过程，也是完善教师形象、自我学习反思的过程。① 此时，汉语言文学师范生需要将所学知识转化为实践智

---

① 吴先兵、吴文：《师范生教育实习的质性研究及启示》，载《长江师范学院学报》2022年第5期。

慧，真正走上讲台进行授课，对提高师范生的教学技能和应对能力具有极大促进作用。同时，学院应制订科学合理的教育实习计划，确保师范生实习时间充足、任务明确、目的清晰，此外，还应与教育实习基地建立紧密的合作关系，共同为师范生提供必要的指导和支持。此外，师范生实践培训还应设有完善的教育实践考核评价体系。注重教师、同伴、自我、学生等多方参与的评价，综合考评语文课堂教学情况、学生访谈及教学反思等，以全面、客观地评价师范生的教育实践表现。学院相关负责部门应综合考量各方的评价反馈，针对存在的问题对师范生培养方案及时进行调整改进，实现监督、调控、改进的有机统一，切实提升师范生的教育教学素养和能力。

（三） 扎实推进教学技能比赛

师范生教学技能比赛是对师范生职前职业能力水平的综合测试，因此，学院要定期开展师范生教学技能比赛，"以赛促学、以赛促教"。为扎实推进师范生技能比赛，学院首先要做好师范生技能比赛选拔及指导老师遴选工作。经过小组赛、院赛、校赛等层层选拔，择优确定优秀参赛选手；其次是做好师范生参赛实训工作。初赛和复赛比赛流程依循"备课—讲课—评课"的思路展开，先由校内外导师进行教学设计及方法指导，教学比赛中的情境尽可能地接近真实课堂，在比赛选手参赛后由评委老师评点或演示，从而有助于师范生更深入地理解语文课程标准、教材及学情分析、教学环节设置等问题要素。最后，选手依据评委老师们的建议，及时记录并进行座谈研讨，交流自己的体会，从中认识自身的教学问题，形成教学反思。积极推进教学技能比赛有助于汉语言文学师范生锤炼自己的教学技能，提高专业素养。

（四） 构建专家名师优质教资队伍

汉语言文学师范专业要培养高素质的教育人才，就必须为学生组建高素质、具备过硬专业技能的教师队伍。构建一支优质的专家名师教师队伍，院校需积极拓宽校外教师资源，与众多名师及名校建立长期稳定的合作关系。一方面，广招贤才，积极聘请名师进校任教，另一方面邀请一线教学经验丰富或具有独特教学理念的语文专家型教师进入校园，以讲座、示范课或同课异构等方式参与师范生的培养。专家名师的参与，不仅能为师范生分享教学经验及其职业生涯和成长心得，还能针对教学中的热点问题提供示范和解答，为师范生提供宝贵的实践指导。

在汉语言文学师范生教学实践能力培养上，教师的指导发挥着至关重要的作用。一线语文名师与校内老师通力合作，共同为学生的试讲训练、说课实践以及教学设计等提供及时、有效的指导，将丰富的教学实践经验传授给学生。同时，院校应持续强化校内师资建设，积极划拨专门的语文教育教学资金，强化教师专业培训。教师自身也应具备强烈的自我提升意识，利用闲暇时间积极学习、进修，参与学术研讨会议，与学生共同学习，保持学术的前沿性。当然，高校教师也应深入一线，进入实际语文课堂，了解当前语文教学的现状和需求，从而能够为师范生提供更具针对性的指导，切实提高培养成效。

新形势下，汉语言文学师范生专业素养的培养必须引起足够重视，师范院校和广大师范生要明确汉语言文学师范生所具备的专业素养，立足不足，直面挑战，在实际执行中，要以此为目标进行培养引领，多方面切入，将汉语言文学师范生培养成为具备扎实教学技能和专业素养，具有显著竞争优势的优秀教师，以满足教育领域对高素质人才的需求。

汉语言文学师范生教育专业化的培养路径

袁民明　　曾　军①

教师教育是教育高质量发展的基础，② 高水平教师是实现高质量教育发展的核心力量。汉语言文学师范生，作为未来教育事业的新生力量，其专业素养和专业知识的提升对于培养未来优秀的语文教师至关重要。因此，如何有效提升汉语言文学师范生的专业素养和专业知识，是当前面临的重要问题。本文将从汉语言文学师范生专业发展路径、专业素养的培养以及专业知识的体现三个方面进行深入探讨。

一、汉语言文学师范生专业发展路径

语文教师专业化水平的具体展现是一堂语文课成功与否的关键。语文教学能力的提升并非一蹴而就，而是需要时间的沉淀与不断的积累。教学能力作为语文教师的核心素质，其培养过程对于汉语言文学师范生而言至关重要。通过明确的专业发展路径，汉语言文学师范生能够构建坚实的知识体系，从而有效提升其语文教学能力。

（一）教育情怀的培养

教育情怀是教师对教育事业的一种深沉、持久、难以割舍的感情，超越了简单的职业责任，升华为对教育崇高价值的追求与坚守。拥有教育情怀的教师，在

---

①　作者简介：袁民明（1999—　　），女，湖北伍家岗人，黄冈师范学院文学院 2022 级硕士研究生。

②　桑志军：《基于语文教师核心素养的师范生培养路径探析》，载《教育理论与实践》2023 年第 27 期。

教育过程中会投入真挚的感情和对教育独特的感受与理解，而不仅仅是对学生进行单纯的知识灌输。教育是国之大计，承担的是培养什么样的人，怎么样培养人，为谁培养人的重任与使命。在教育情怀的指引下，教师不仅关注知识的传授，更关注学生的全面发展。

培养汉语言文学师范生的教育情怀是一个多维度、深层次的综合性过程，它要求我们从以下几个关键方面精心雕琢。首先，构建坚实的教育观念基础至关重要。引导汉语言文学师范生深刻领会教育的本质和目的，明确自身的教育责任，并在心中树立起对教育的敬畏与热爱。这不仅需要师范生对教育的定义、功能和价值有深入的理解，还需要认识到教育对于个人成长、社会进步和国家发展的重要性。通过阅读教育经典著作、参加教育讲座和研讨会等方式，拓宽教育视野，增强对教育的理解和认识。此外，培养学生对学生的深厚情感是不可或缺的。汉语言文学师范生应学会关注学生的需求、兴趣和特点，尊重他们的个性差异，并致力于促进学生的全面发展。为了实现这一目标，可以通过组织师范生参与学生辅导、课外活动等多种形式的实践活动，有更多的机会与学生亲密接触，从而培养出深厚的师生情谊，强化教师的职业使命感。

培养汉语言文学师范生的教育情怀是一个系统工程。拥有教育情怀的师范生能关注学生的全面发展，包括知识、能力、情感、价值观等方面。不仅能关注学生的现在，更关注学生的未来，促进学生的长远发展。

（二）提高文本解读能力

教学技能是汉语言文学师范生的核心竞争力。拥有扎实的教学技能，能够灵活应对各种教学环境和需求，高效解决教学中遇到的挑战，从而显著提升教育实践的效果。在当前竞争激烈的教育行业中，具备卓越教学技能的师范生更具市场吸引力。在语文专业能力中，文本解读能力占据着举足轻重的地位，它直接关乎课堂教学质量的提升。就语文来说，首先，文学作品不是句子、不是语法、不是逻辑，依靠科学的肢解分析诗歌、散文，永远不可能得到审美的愉悦。[1] 师范生必须深入掌握文本解读的基本方法和技能，以便引导学生更准确地理解文本，提高语文教学的实效性。为了培养这一能力，师范生需要在学习和实践中不断锤炼

---

[1] 赵志伟：《论语文教师的"专业意识"》，载《语文建设》2023年第2期。

自己，学会分析文本的语言特点，如词汇运用、句式结构等；掌握文本的结构特点，如段落布局、逻辑关联等；理解文本的主题思想，深入挖掘作者的意图和观点。通过这样的系统学习和实践锻炼，师范生能够不断提升自己的文本解读能力，为未来的语文教学打下坚实的基础。

阅读是培养文本解读能力的基础和关键。通过大量阅读各类文学作品和教学资料，可以积累丰富的语言知识和文化底蕴，提高对文本的理解和解读能力。具体来说，首先，汉语言文学师范生可以选择阅读经典文学作品。阅读经典文学作品可以积累语言知识、了解文化背景、拓宽视野，提高对文本的理解和解读能力。其次，阅读文学评论和学术论文可以了解其他学者和专家的研究成果和观点，掌握文本解读的理论和方法，提高自己的理论水平和学术素养。可以选择相关的文学评论、学术论文进行阅读。主动了解其他优秀教师的教学方法和技巧，学习如何将文本解读应用到实际教学中，提高自己的教学水平。

大量阅读各类文学作品和教学资料是培养汉语言文学师范生文本解读能力的重要途径之一。通过阅读丰富的文学作品和文化资料，积累语言知识和文化底蕴，提高对文本的理解和解读能力。

（三）进行教育科学研究

汉语言文学师范生应积极投身于教育科学研究，通过研究优秀的教育教学方法和策略能学习到先进的教学理念和技巧，从而改进自己的教学方式，培养创新精神和独立思考能力。在吸收前人的经验中，为自己的教学实践提供有力支撑。同时，进行教育科学研究需要深入思考和独立探索，这种过程能够锻炼师范生的创新思维和解决问题的能力。在面对教育教学中的挑战和问题时，他们将更能从容应对，提出富有创意的解决方案。

学习研究方法对于汉语言文学师范生进行教育科学研究至关重要。研究方法是指在进行教育研究时所采用的方法和技巧，它是教育研究的基础和关键。掌握科学的研究方法可以帮助师范生更好地理解和解决教育教学中的问题。师范生需要了解和掌握基本的量化研究和质性研究方法。量化研究是指使用数量化的方法来研究教育现象和问题，例如通过调查、实验等方法来收集和分析数据。质性研究则是指通过深入观察、访谈等方法来探究教育现象和问题，例如对课堂教学进行观察和记录。此外,汉语言文学师范生还可以通过参加相关的课程、听取专家讲座、阅读文献资料等方式来学习研究方法。在学习过程中,需要注意理论与实践相结合,将所学知识应用到自己的教育教学实践中,从而更好地理解和掌握研究方法。

二、语文专业素养的培养

语文教师的专业素养包含有知识素养和能力素养。知识素养包括语言学、文字学、文章学、文艺学,能力素养包括表达能力、施教能力、科研能力。语文学科是一门综合性学科,加强师范生语文专业素养培养至关重要。

(一) 语言表达能力

语文教师需要具备优秀的语言表达能力,能够清晰、准确地表达自己的思想和观点,同时还需要具备良好的口头表达能力,能够生动形象地讲解课文和引导学生进行语言表达。

阅读和背诵是培养语言表达能力的有效途径。首先,语言感知能力是语文教师必备的素质之一。在阅读各种类型的文学作品和文章中培养对语言文字的敏感性和感知能力。同时,选择优秀的文章或段落进行背诵,帮助自己更好地理解语言表达的技巧和方法。其次,口语表达是语言表达的重要形式之一。进行口语表达的练习,包括朗读、演讲、口头报告等,通过这些练习,可以培养自己的口语表达能力和口头表达能力,提高自己的语言感知能力和表达能力。此外,写文章、教案、教学反思是培养语言表达能力的有效途径,既能锻炼书面表达能力和文字表达能力,也利于培养语言组织能力、逻辑思维能力。

(二) 教学设计能力

教学设计和实施的能力是师范生学习的重点,能够根据学生的实际情况和教学目标,制订合理的教学计划和方案,并有效地实施教学计划,达到预期的教学效果。

汉语言文学师范生需要深入理解教学大纲和教材,了解课程的教学目标、教学内容、教学方法等方面的要求。同时，还要能够分析教材中的重点、难点和关键点，从而为教学设计提供基础和指导。在进行教学设计时，师范生需要了解学生的学习特点和需求，包括学生的年龄、性别、兴趣、认知风格、语言水平等方面的因素。通过分析学生的学习特点和需求，可以更好地选择教学方法和手段，以满足学生的实际需要。在课堂教学方面，师范生需要能够根据教学目标和教学策略，精心设计各种教学活动。这包括课堂导入、讲解、示范、讨论、练习等多个环节，每个环节都需要根据教学内容和学生的实际情况进行精心设计。例如，可以采用情境导入、问题探究、小组合作等方式，以激发学生的学习兴趣和主动性。

优秀的教学设计能够使教学内容更加贴近学生的实际需求，激发学生的学习热情和兴趣，提高学生的学习积极性和主动性。同时，合理的教学策略和教学方法也能够更好地帮助学生掌握知识和技能，从而提高教学质量和效果。

三、语文专业知识的体现

(一) 专业知识的学习

汉语言文学师范生进行专业知识的学习是成为一名合格语文教师的关键。语文教育的知识体系框架，涵盖语言学、阅读学、写作学的概念、原理、历史沿革等方面的知识，有关于学习者的知识、语言习得的知识、教学法的知识、评价的知识，等等。① 这些必备的知识与涵养是教师素养的重要组成部分。师范生必须熟悉这些学科知识专业知识，并且不断补充课程发展所带来的新东西。当语文师范专业知识越来越多，对事物、问题和教材的理解就越深刻，能从中汲取经验并传授给学生，开展生动活泼、深入浅出的教育，出色地完成语文教学工作。

课堂学习是掌握基础知识和专业知识的重要途径。具体来说，以下几个方面可以帮助汉语言文学师范生掌握扎实的基础知识。首先，在上课时，应该认真听讲，注意理解老师所讲解的内容。对于不理解的问题，可以在课堂上及时提出，

---

① 崔嵘：《21 世纪语文素养——概念重构与专业准备》，载《语文建设》2023 年第 18 期。

与老师和同学进行讨论，与其他同学分享自己的理解和见解。这有助于扩展自己的思维和加深对知识的理解。在课堂学习后，应该总结反思自己的学习过程和效果，发现自己的不足之处并加以改进。可以通过写学习总结、反思笔记等方式来进行总结反思。

（二）加强文化素养

知识储备，是一名教师完成教学事业的基本保证，而当今社会正处于一个知识经济时代，新知识、新技术层出不穷。语文教师应该具备丰厚的学科素养，既能够满足学生求知欲，也能满足社会成长的需求。汉语言文学师范生应具备深厚的文化素养，包括文学、历史、哲学、艺术等多个领域。这不仅有助于提升自身的人文素质，还能为未来的教学工作提供丰富的素材和深度。

现行语文教材内容丰富，涉及许多历史、地理、科学等方面的知识。如杜甫的《春望》，涉及安史之乱的历史知识；白居易的《琵琶行》，充满了音乐情调；诸葛亮的《出师表》反映了战略问题。另外，在说明文的范畴中，有的主要侧重于科学知识的普及，而另一些则深入探索并涉及了中国古代建筑艺术等多元领域。随着现代科学技术的迅猛发展和新兴科学的崛起，文理学科的交融为语文教学带来了极为丰富和广泛的教学素材，这无疑也对语文教师的知识储备和修养提出了更高的要求。由于这些特点，语文教师必须具备多种能力，不仅要有很强的文化底子，还要熟悉大量古今中外名著、博览群书，成为语文学科的行家。为了有效教授语文，教师需要具备跨学科的知识储备，包括对社会科学各领域的深入理解，一定的哲学基础，以及广泛的自然科学知识。这样的知识背景有助于教师准确解读和解释语文教学中涉及的自然科学内容，并在课堂上游刃有余地进行知识关联和灵活运用。

汉语言文学师范生教育专业化的培养是一项系统工程，需要从专业发展路径、语文专业素养以及语文专业知识等多个方面进行优化和改进。通过提高汉语言文学师范生的专业素质和未来教师的教学能力，为我国教育事业的发展提供有力的人才保障。同时在实际操作中还需要不断探索和实践不断完善培养路径以适应当代教育的需求和发展趋势，为我国的教育改革事业提供更多优秀的后备力量。

汉语言文学师范生专业成长三阶路径探究

陈晓乐 *

语文是一门工具性与人文性相结合的综合性、实践性课程，语文课程的多重功能和奠基作用，决定其在学生学科教育中发挥着重要的作用。① 语文教师是学生语言的引路人、人格的锻造者、品质的塑造者。汉语言文学师范生的成长需要经历情怀铸魂、课程立身、技艺强能三个阶段。

一、情怀铸魂：强化教育情怀，培育责任意识

新时代教师要拥有坚定的专业信念和专业情感，更需要对教师职业的认同和接纳，以及教师自身发自内心地对教师职业的喜爱和坚守，这即为教师的教育情怀。所谓教育情怀指的是教师需要具备专业知识、专业道德、专业态度和情感，直至激发或引领专业成长的教育信仰，主要包括敬业情怀、教学情怀、学术情怀、道德情怀、家国情怀。当前，应通过强化培根铸魂的思想政治工作引领、构建重在养成的师德教育师资队伍、创设润物细无声的育人环境，探索师范生师德养成教育的实践路径，唤醒师范生的主体自觉，激发师德养成教育的内在动力。培养师范生的教育情怀，可以从以下几个方面展开。

（一）以学科思政为理论引领，双向课堂联动发展

双课联动，专业课程与思政课程双向结合。以师范专业课为目标引领、思政

---

* 作者简介：陈晓乐（1997— ），女，河南南阳人，黄冈师范学院文学院 2022 级硕士研究生。

① 中华人民共和国教育部：《义务教育语文课程标准（2022 年版）》，人民教育出版社 2022 年版，第 1 页。

课程为理论指导、文化思政为沁润路线、网络思政为教育媒介、日常思政为培育平台的综合思政教育途径，将思想政治教育贯穿教育教学全过程。汉语言文学师范生的专业课程都蕴含着丰富的思政素材和德育资源，可潜移默化地沁入学生的思想观念中，从而使学生明志修身、明史鉴史、明德立行。在课程建设方面，学校应开设特色师范生师德养成教育课程，科学构建思想政治理论课程与师德教育必修课程、师德特色选修课程等，激活学生的师德自觉，挖掘学生的道德因素，达到立德树人的效果。在学校课程之外，学校也应凸显文化特色，利用当地红色资源，发扬红色精神，将红色基因融入育人体系全过程。在课内与课外、专业课与思政课、显性因素与隐性因素、教育实践与专业养成的结合中实现德智融合，融通学生的德智统一。黄冈师范学院文学院（苏东坡书院）借由革命战争遗址、烈士陵园纪念馆、历史名人故居等，发扬大别山"坚守信念、胸怀全局、团结奋斗、勇当先锋"的红色精神，使学生能够充分了解红色文化，传承红色精神，将师德建设、情怀浸入落到实处。另外，学院经常邀请全国各地教育名师开展一线教育专题讲座，既涉及中学生心理健康教育、师德养成、班主任管理等教师的成长与进阶之路，又结合一线案例进行实地分享，将师德、师魂、师情植入学生的道德素养，为学生的情感之路奠基，为提高师范生的教学情怀打下坚实的基础。

（二）建立实践基地，校内校外同步发展

理论层面的事实真理浸润学生的心灵，实践层面的道德体验完善学生的认知。学校应当重视实践，构建汉语言文学师范生师德养成、情怀培育的实践教学体系。在校内，学校可邀请一线名师进校园，开展专题讲座，进行经验分享；或者邀请师德模范进校园，现身说法，以德育德、以情化情，激活师范生的教育情怀与职业操守。在校外，可建立师范生培育实践导师制度，发挥名师的正面引导作用。除此之外，学校也可以带领学生建立公益团队，提供支教等志愿服务，培养具有责任心和家国情怀的未来教育家。学校可以建立公益课堂，为家庭困难的孩子以及农民子弟工等上学有困难的群体提供免费的学业辅导，使师范生在进行志愿服务的同时，领悟到教育的责任和纯粹，激发自身的教育情怀。学校也可以建立志愿者协会，开展偏远地区教育活动、志愿支教活动、红色文化传承、民风民俗采访、思政创新课堂等假期实践活动，将教育情怀、奉献精神沁

入学生心怀。

（三）建设校园文化，增强文化自觉

学校应当建立师范高校文化软实力，在校园环境、制度安排、精神标识等方面打造具有特色的师范文化，使师范生耳濡目染，以文化人。在校园环境建设方面，学校可以放置教育名家雕像、立牌、教育名句等，也可建立教育名家博物馆、名人故事馆等，营造浓浓的"教育味儿"；在制度安排层面，厚植情怀，培育尊师重教育人文化。以大学文化建设推动师范生的师德养成教育，形成具有教育情怀的育人文化氛围。着力构建尊师重教的育人理念、育人制度、育人行为和育人风尚。把大学文化融入思政教育、日常教学、管理服务中。精心打造各种师德教育景观，发挥校园环境建设在师范生师德养成教育中的重要作用。树立典型，营造校园师德教育氛围；在精神标识层面，科学选树楷模典型，用优秀教师典型作为精神引领，激励师范生成长成才，营造崇尚先进、学习楷模的良好氛围，带动师范生师德养成。抓好学生人生观、价值观教育，通过教师楷模、先进典型的感召，引导师范生树立职业理想，立志成为"四有"好老师。

二、课程立身：创新培养模式，构建"课程实践"双联动

以高中语文课标核心素养为基底，将语文教师定位于学生语文建构与使用的践行者、思维发展与提升的点拨者、审美鉴赏与创造的唤醒者、文化传承与理解的助推者。语文教师的角色定位决定了优秀的语文教师所应具备的能力。一名好的语文教师需要有扎实过硬的专业素养，不仅学识渊博，还要有良好的语言表达能力、过硬的基本功、扎实的写作功底；除此之外，语文教师还需具备娴熟精湛的教学艺术，包括良好的文本解读能力，娴熟的课堂驾驭能力；更要有与时俱进的创新能力，要学会操作现代化的教学手段，还需有终身学习的观念、开放多元的思想。因此，语文教师的培养是一项大工程，需要学校创新培养模式，以教育知识为基底，以专业知识为标准，以实践能力为附加值，构建课内课外、教学实践、研训结合，培养知行合一的语文教育人才。

（一）三课联动，建构扎实师范生教育培养体系

构建"专业课知识、教师教育课知识、选修课程"三体联动协调语文机制。

以专业课程为主体,学校在专业课程设置方面,要加强对语文课程标准、中小学语文教材的解读与诠释,可增加语文课程标准解读、语文教材选编分析等与教育一线息息相关的课程;另外,学校也要增加汉语言文学师范生的专业素养,增强准语文教师的文学素养,提升其文学水平。在设计课程大纲时,要引导专业课程教学有机融合中小学的语文教材内容,教师在专业课程教学中突出培养师范生对文本的解读能力、写作能力,关注学生对文本的个性化解读,强调读书笔记的训练,加强学生的思维水平和写作水平。教师教育课程开设教育学、心理学、课程教学论等教师专业成长必修课,以及课程标准与教材分析、教学技能与方法、课例分析、班级课堂管理等教师技能课程,针对学生的情况,扎实、有效夯实教育教学理论与技能实训的基础。学校还应开设文学专题探究、语文课程教学设计、教师教态及普通话课程等选修课程,旨在培养未来语文教师的兴趣,使汉语言文学师范生获得全面发展。建立三体联动集体备课研课机制,打破学科专业知识藩篱,分工实现学科知识的强化、教育知识的夯实、教学技能的提高,构建理论知识与实践技能融合机制,汇聚协同育人合力,提升学生的教育能力。①

(二) 加强实践,提升师范生综合素养

培养学生的实践教学能力是教师教育课程的重要组成部分,也是师范生教学能力增值的重要步骤。高校应当建立完备的实践教学体系来保障师范生的专业成长与技能培养,以"实学、实训、实习"为培养导向,将教育实践贯穿师范生培养全过程,融合专业实践与教育实践的培养路径,实行教育见习、教育研习、教育实习贯通的教学实践体系。师范生"三习"基地建设,重点围绕"基本能力、核心能力、高阶能力"培养分布、交织叠加展开。纵向以汉语言文学师范生培养实践为轴,根据教学进度安排,采用校内实践、校外实践、社会实践、公益实践等多种实践形式,由大一到大四,结合学生的个性特点和成长规律,依次开展教育实践训练,分阶段安排教育实践内容;横向以教学技能比赛为纬,主要的"三习"实践模块和专项的示范技能训练基础上,还需穿插专业课程实践训练、各种师范生技能比赛,教师应该多鼓励学生参加各种教学技能比赛,如校级、省级、

---

① 张荣:《实践与探索:思想政治教育师范生教育实践能力培养路径探究》,载《黑龙江教师发展学院学报》2023 年第 42 期。

全国的示范技能大赛、微课大赛、师范生教学能力测试等，通过比赛提升师范生综合能力。黄冈师范学院文学院为全面锻造专业性人才，学院构建"两课三习"课程体系，形成以必修为主，选修为辅的专业理论课程群，打造见习、研习、实习一体化的教育实践生态圈，实现第一课堂与第二课堂齐头并进、协调发展，更好地使研究生掌握理论，形成观点，提高职业能力。与此同时，学院以数字赋能教学，借助信息化手段、数字化资源，依托校内实训基地，开展课例分析、微格教学，让学生在一章一目中奠定专业基础，在一讲一划中打磨专业技能，从而丰富教学方法、升级教学手段、革新教学实践，使其成为掌握现代教育技术的新型语文教师。

三、技艺强能：完善育人体系，实现"一专多能"

教学是一门科学，也是一门艺术。语文是民族的语言文字，是民族精神的结晶，是民族文化的"根"，对置身于教育场域的师生来说，"语文是伴随终生成长的文化呼吸体"。语文教师既是语文教学的主导者、人文精神的弘扬者，也是民族语文的示范者、以身作则的教育者，新时代的语文教师应该是多才多艺、精神饱满、思想通达、博学多识的工作者，因此学校应该多途径、全方位、立体化地培养汉语言文学师范生多项技能，使学生综合发展。

(一) 强化专业引领，成立学生社团

学校可以成立书法社、吟诵社、演讲社等有助于提高汉语言文学师范生专业技能的社团。授课方面，可邀请专业的书法老师、吟诵老师、普通话老师等进行专业性授课；在活动方面，学校可定期举办书法评比、作品展示、讲座分享、演讲比赛等赛事活动；在志愿方面，学校可组织学生进行中小学志愿调研活动等，强化学生的专业基础。除了具备专业技能之外，教师的身心健康也是非常重要的，学校还可以鼓励学生成立舞蹈社团、轮滑社、篮球社、话剧社等社团，旨在培养学生健康的体魄，提升学生的身体素养，陶冶语文教师的情操，培育语文教师的身心，为成为一名教书育人的工作者打下坚实的身体基础和文化素养，打造新时代"一专多能"型语文教师，使其在教育振兴中发挥语文价值和文化功能。

（二）依托数字化平台，发展教师信息技能

当前，信息技术与课程教育融合已成为我国推进新一轮基础教育课程改革和教学改革的突破口。2023 年 5 月教育部印发《基础教育课程教学改革深化行动方案》，在重点任务"专业支撑和数字赋能行动"中提出推进数字化赋能教学质量提升，要求构建数字化背景下的新型教育学模式，助力提高教学效率和质量。作为语文教师，应当适应时代潮流，学会使用数字化媒体，学会制作微课堂，借助网络平台使语文课程更有趣，更充满生活气息，拓宽语文课堂的宽度、深度、厚度。首先，汉语言文学师范生要上信息技术课，熟练掌握办公软件的使用，并学会课件制作、动画放映、视频剪辑等技术，学会在语文课堂上创设真实的语文课程情境，形成有意义的互动学习环境，帮助学生有效投入语文实践。其次，汉语言文学师范生还要学会微课堂的制作、云课堂的使用等一系列基于网络的教学改革，学会利用具有交互功能的网络学习空间，创设线上线下一体化的"混合式"学习生态，为课堂教学和课外学习服务。[①] 最后，汉语言文学师范生还要学会借助数字化资源进行教学评价，教学资源的更新与优化，以便更好地服务教学改革。

汉语言文学师范生的专业成长路径是多维度、全方位、深度化、立体化的，不仅需要社会、教育界、学校等各界的努力，更需要每一位汉语言文学师范生始终坚守初心，厚植教育情怀，学习专业知识，锻造专业技能，为成为新时代的"四有"好老师打下良好的基础。

---

① 王冰洁：《基于实践的高中语文作文线上互动式教学模式探究》，载《课外语文》2022 年第 1 期。

教材研究

统编小学语文苏轼作品的审美教育研究

韩朋丽　　方星移*

苏轼作为中国文化史上一颗璀璨的明星，其作品有丰富的教育价值，被选入不同时期、各个学段和不同版本的语文教材，统编新教材依旧编选了多篇苏轼作品。在核心素养时代，"审美创造"是小学语文核心素养的重要组成部分，本文将结合审美教育理论和实习实践，对统编小学语文教材中文质兼美的苏轼作品进行审美教育研究，以期对苏轼作品教学、对学生核心素养特别是审美能力的提高、落实立德树人的教育都能有积极作用。

一、审美教育理论与小学语文苏轼作品选编概况

教育是一门艺术，应该在审美的观照下进行，审美教育可以成为良好的理论支架。苏轼作为古代文人明星，写下了很多优秀诗文作品，被选编到不同阶段的语文教材中。在这一章节，通过对审美教育理论和小学语文苏轼作品选编情况进行概述，发掘教材中苏轼作品的审美教育元素，可以为后文苏轼作品的审美教育研究提供支撑。

（一）审美教育理论

虽然美育理论体系的建立近代才开始，但人类美育实践活动和思想意识的历史源远流长，审美教育理论有它的丰富性和重要性。通过了解其定义、特征和价值，有利于我们更好地认识审美教育在教育教学中的积极作用，为后来的苏轼作

　*　作者简介：韩朋丽（2000—　），女，河南新蔡人，黄冈师范学院文学院 2023 级硕士研究生；方星移（1969—　），女，湖北英山人，黄冈师范学院文学院教授、硕士生导师。

品审美教育研究提供理论基础。

1. 审美教育的定义

18 世纪 50 年代，德国哲学家席勒用书信体写成的《审美教育书简》被看作"第一部美育宣言书"，书中指出美育的目的在于"培养我们感性和精神力量的整体达到尽可能和谐"①。苏联的马卡连柯和苏霍姆林斯基都对美育理论和实践作出了自己的探索，提倡德智体美劳的和谐统一，相互渗透，丰富了美育的思想。

中国最早引进西方美学、结合本土原有美学思想尝试并开启了近代中国美育思想的是梁启超，他提出了趣味教育就是情感教育或美育；王国维看到了美育自身独特的价值，第一个提出要把美育列入教育方针，指出美育是一种情育；近代美学思想的集大成者蔡元培，身体力行从事美育实践，对美育思想进行系统阐发，指出"美育者，应用美学之理论于教育，以陶养感情为目的者也"②。

《美学原理》（第二版）结合美育的历史这样定义美育："美育是一种以审美活动（包括艺术活动）为主要方式与手段的教育活动，但同时又是教育形态的审美活动。"③ 顾明远编的《教育大辞典》界定说："'美育'亦称'审美教育'，使学生掌握审美基础知识、形成一定的审美能力、培养正确的审美观点，美化其心灵、行为、语言、体态，提高道德和智慧水平的教育。"④ 审美教育的内涵，还无法统一明确下来，可以肯定的是，它与情感教育关系密切，具有相较于一般现实活动的超越性，和谐统一各种审美元素以促成教育审美化。

2. 审美教育的特征

相比于一般教育形式，审美教育具有形象化教育、情感体验性、自由愉悦性三方面的特征，把握这三方面的特征有利于理论更好地作用于实践。

首先，审美教育是形象化教育。它需要以美的事物为教材，美的事物总是以具体的感性形式令人动情，进而吸引人们通过事物的形象进入审美的世界。美存

---

① 席勒：《审美教育书简》，中国文联出版公司 1984 年版，第 108 页。
② 蔡元培：《蔡元培美学文选》，北京大学出版社 1983 年版，第 174 页。
③ 尤西林：《美学原理》，高等教育出版社 2018 年版，第 251 页。
④ 顾明远：《教育大辞典》，上海教育出版社 1999 年版，第 327 页。

在于各个领域，形式多样，无论是自然美、社会美，还是艺术美，都可以作为直观的、形象化教育的资源。当人们置身在美的环境之中，只有注意到了美的形象，受到美的事物或者环境的感染，才能接受美的教育，这一点可以将审美教育与抽象的道理说教式教育区别开。

其次，审美教育具有情感体验性。"美感是人的审美需要是否得到满足而产生的情感体验。"① 有了关于美的情感活动才能有心灵的触动。在审美时，人们通过愉悦或厌恶等情绪反馈于客观事物，当审美需要得到满足时，才有美感，才会自觉进入审美主体对审美对象的体验活动，有个体的独特的情感体验。可以说，审美活动中，受教育者的情感体验性伴随审美活动全过程。

最后，审美教育具有自由愉悦性。美育是一种让人快乐的教育，可以给人感官和精神上的愉悦、享受。审美主体是身心放松的，是自由愉悦的，不是被强制和被支配的。寓教于乐是教育的理想境界，审美教育潜移默化、春风化雨般润物无声，摆脱明确的功利性和一系列的指令、训诫，令人舒适、放松、自由，受教育者的学习会是高级的精神享受。

3. 审美教育的价值

审美教育作为一种理论，可以指导多种多样的实践活动，有其存在的普遍价值，《美学原理》一书中指出美育有"培养审美能力、陶冶性情、完善人格、树立正确审美观"② 四大方面的功能。因本文想结合统编小学语文教材中的苏轼作品探究审美教育，所以审美教育的价值会立足于学生主体，结合语文苏轼作品的教学，着重从课标要求、现实需求两个方面进行分析。

首先，语文教育需要培养有语文核心素养、全面发展的人，语文学科核心素养是学习者学习语文学科必备的素养和能力。《普通高中语文课程标准（2017 年版 2020 年修订）》中明确提出了语文核心素养包括"语言建构与引用、思维发展与提升、审美鉴赏与创造、文化传承与理解"③ 这四个相辅相成的方面。这一语文核心素养的阐释激发了很多学者对小学阶段语文核心素养的研究，但意见未

① 吴珂：《情感教育》，中国社会科学出版社 2012 年版，第 14 页。
② 尤西林：《美学原理》，高等教育出版社 2018 年版，第 255~268 页。
③ 中华人民共和国教育部：《普通高中语文课程标准（2017 年版 2020 年修订）》，人民教育出版社 2020 年版，第 4 页。

能统一。在最新发布的《义务教育语文课程标准（2022 年版）》中第一次指出义务教育阶段语文核心素养是"文化自信、语言运用、思维能力、审美创造的综合体现"①。由此可知，"审美创造"作为语文核心素养的重要组成部分，体现了教育对学生审美能力培养的重视，落实审美教育有利于提升学生的语文核心素养。以苏轼作品为例的优秀诗词文作品可以成为审美教育的重要材料。

其次，现实需要诗意生活的创造者，审美教育顺应现实需求。最近几年的诗词类文化节目大热，李子柒的诗意生活短视频大火，让多少匆忙疲累的人也学着把诗和远方放在心上。德国 19 世纪著名诗人诺瓦利斯写道："人们必须在自身周围建立诗的世界，并生活其中。"② 如今的物质生活日益丰富，精神生活却日渐麻木，人们在现实中需要美的心灵，需要审美日常。语文教材中的苏轼作品有温度，有厚度，常读常新，可以作为打开人们心灵审美之门的钥匙，有利于人们把平凡现实的生活诗化，建立心中的审美世界。

（二）统编小学语文苏轼作品选编分析

苏轼作品篇目数量在语文教材中占比一直较大，在考虑了不同阶段学生学习的特点以及作品的教学意义后选入了不同类型的作品。小学阶段以苏轼的诗作为主，初中以词作为主，高中词文并重。对小学阶段苏轼作品的选编情况进行对比分析，探求其审美教育元素对审美教育研究很有启发意义。

1. 统编版和人教版教材苏轼作品选编对比

统编版语文教材的古诗文篇目增加了，选篇标准强调了四点，"即经典性，文质兼美，适宜教学，同时要适当兼顾时代性"。③ 本文以使用范围最广的人教版小学语文教材（2002 年初审通过）与统编版小学语文教材（2018 教育部审定）作选编对比分析，可以发现统编教材苏轼作品的一些变化。统编版小学语文教材共收录苏轼作品 7 篇，人教版收录苏轼作品 4 篇，如表 1、表 2 所示。

---

① 中华人民共和国教育部：《义务教育语文课程标准（2022 年版）》，北京师范大学出版社 2022 年版，第 5 页。
② 周国平：《诗人哲学家》，上海人民出版社 1987 年版，第 77 页。
③ 温儒敏：《如何用好"部编本"小学语文教材》，载《小学语文》2017 年第 Z2 期。

表1　　　　　　　　统编版小学语文教材中苏轼作品编排情况

年级	单元	篇　目	体裁	题材
三年级上册	第二单元	《赠刘景文》	七绝	写景抒情
三年级上册	第六单元	《饮湖上初晴后雨》	七绝	写景游记
三年级下册	第一单元	《惠崇春江晚景》	七绝	田园风光
四年级上册	第三单元	《题西林壁》	七绝	人生哲理
六年级上册	第一单元	《六月二十七日望湖楼醉书》	七绝	写景游记
六年级上册	第七单元	《书戴嵩画牛》	散文	艺术哲理
六年级下册	古诗词诵读	《浣溪沙·游蕲水清泉寺》	词	写景游记

表2　　　　　　　　人教版小学语文教材中苏轼作品编排情况

年级	单元	篇　目	体裁	题材
二年级上册	识字一单元	《赠刘景文》	七绝	写景抒情
三年级上册	第六组	《饮湖上初晴后雨》	七绝	写景游记
四年级上册	第二组	《题西林壁》	七绝	人生哲理
六年级下册	古诗词诵读	《浣溪沙·游蕲水清泉寺》	词	写景游记

整体阅读统编教材可知，三年级作为低年级向中高年级过渡的关键学段，教材有了较大变化。三年级，开始出现了"小古文"，如《司马光》；三年级的教材有了以人文主题和语文要素组合的两段式配合插图的单元导语；三年级是习作的起始阶段；对于古诗词而言，教材第一次以三篇古诗为一组的编排形式组成一课。结合表1可知，到了三年级，统编教材才第一次编选苏轼作品，选入小学语文教材的苏轼作品以诗为主，题材上以写景类为主，体裁上以七绝为主。

与人教版教材选文相对比，小学统编版教材苏轼选文的变化主要在于两个方面：其一是篇目数量增加了。新增了《惠崇春江晚景》《六月二十七日望湖楼醉书》《书戴嵩画牛》，这符合统编教材注重通过增加古诗文数量，以达到传承中华优秀传统文化、发挥其育人价值的目的。选入统编教材的众多诗作中，只有苏轼不同文体篇目均有涉及，诗、词、文皆有，这与苏轼本人的才气和作品颇丰有关，也能体现出苏轼作品在语文教学中的重要性。其二是对苏轼作品选文的顺序做出调整，如《赠刘景文》，由二年级上册调整到了三年级上册，《题西林壁》选入四年级上册教材的单元顺序也有了变化。苏轼作品这种顺序上的改动体现了统编教材古诗文在编排上更加注重循序渐进、注重优秀诗文育人价值的发挥，因为"六三学制"下不同学段的古诗文数量、体裁、文本难度方面要求都有不同，可以结合课标对教材中古诗文的课后习题的层次要求进行理解分析，发现其编排的合理性，如表3所示。

表3　　　　　　　　　　统编教材古诗文课后习题要求

年级	分学段课标要求	课后习题要求整理	分析
一年级	诵读儿歌、儿童诗和浅近的古诗，展开想象，获得初步的情感体验，感受语言的优美	朗读课文，背诵课文	简单读背
二年级		朗读，背诵，想象画面，用自己的话说意思	了解大意
三年级	诵读优秀诗文，注意在诵读过程中体验情感，展开想象，领悟诗文大意	感情朗读，背诵，想象画面，了解诗意	感知诗意
四年级		感情朗读，背诵，把握诗句意思，说体会	理解
五年级	大体把握诗意，想象诗歌描绘的情境，体会作品的情感；注意通过语调、韵律、节奏等体味作品的内容和情感	感情朗读，背诵，理解诗句意思，体会情感	感受
六年级		感情朗读，背诵，理解诗意，体会情感，领悟表达	品鉴

结合课标要求，在一、二年级的古诗诵读要求中，指向"获得初步的情感体验"，即多读多背即可，到了三年级，才开始要求"注意在诵读过程中体验情感"。而在课后习题要求中，在一、二年级"朗读、背诵课文"前又加上了"感情"这一情感方面的要求，教学目标指向由低学段的"了解大意"逐渐过渡到了"感知诗意"。以苏轼作品编排变化较大的《赠刘景文》为例进行分析，此诗是苏轼于元祐五年（1090年）创作的一首七言绝句，托物言志，勉励朋友。学生不仅可以在诗句中感受秋天的图画美意，还可以体会友情，领悟揣摩其蕴含的积极向上的人生价值观。如果此篇诗文安排在二年级，秋天的写景可以让学生有所了解，在朗读中读出秋天的一种图画美，但苏轼乐观的人生态度学生是无法有

过多感情体会的。而三年级学生可以在一、二年级的诗文学习积累中，不仅仅满足于读、背、默写、了解大意，还可以追求与诗文大意背后的情感产生共鸣，这就能更好地发挥了苏轼诗作《赠刘景文》的育人价值。

2. 统编小学语文苏轼作品的审美教育元素

教材作为学生接触苏轼作品的重要载体，其选篇蕴含丰富的文学艺术价值和思想人文价值。从苏轼作品选篇和教材编排特点两大方面充分挖掘统编教材中苏轼作品审美教育的可利用元素，与诗文大家进行对话，感受其中的情思哲理，可以帮学生塑造美的灵魂，形成优良的品质。

首先是苏轼作品选篇的审美价值。与其他诗人诗作相比，苏轼作品有古诗文审美教育可利用的共性因素，也有苏轼独特性的审美因素藏在诗作中，可以从语言、情理、画面三方面对苏轼作品选篇进行审美。

第一是语言之美。统编小学语文教材中的苏轼作品，除了经典诗文作品惯有的用词自然贴切、语言节奏鲜明、对仗韵律和谐等特点，还化用出新、比喻新颖，可以作为小学生诵读、审美经典诗文作品的范本。比如苏轼唯一一篇编选在小学阶段的词作《浣溪沙·游蕲水清泉寺》中，每句七个字，读来朗朗上口有节奏感。"溪""泥""啼""西""鸡"几个字用了"i"韵，结合着词句含义读字音，就会有乡村的清新自然、子规声音的略显悲凉、到最后豁然、活泼健朗的情调。"字音可以组合成优美的声调，字音和声调还可以加强词语的抒情效果。"①在描写暮春三月的雨后春兰时，"短浸溪"中的"浸"字，仄声字，掷地有声，写尽春兰的活力；写松间沙路时，苏轼词句化用了白居易的"沙路润无泥"，"净"字很容易被学生组词理解为干净、洁净的意思，比"润"字突出了兰溪的洁净和一尘不染。再如诗作《饮湖上初晴后雨》，前两联中"潋滟""空蒙"是叠韵词，其中"潋滟"是很富感觉形象的形容词之一，似乎能让人见到那水波荡漾、光影变幻的西湖动人景色，这新鲜而有意味的用词，带我们领略了汉语的味道。苏轼在颈联中"西子"的比喻，新颖生动，以致后人提到西湖，就会不自觉联想到美丽的西子。总之，诗歌有独立的形式美，因为字数有限制，所选的语词力争凝练精粹、言简意丰，苏轼作品中化用、比喻随手拈来，在不经意处就有令

---

① 童庆炳：《文学理论教程》，高等教育出版社 2018 年版，第 289 页。

人称好的语言表达，可以作为学生审美感知语言生动之妙的范本。

第二是情理之美。陆机在《文赋》中讲"诗缘情而绮靡"，表达出"诗"是为抒情表现的文体。苏轼"有为而作"，情感自然真挚，或借景抒情，或即景抒情，或绘景抒情，作品中蕴含的情感熏陶价值点丰富，可以窥见苏轼对自然万物、对生命百态的敬畏、思考与热爱。如对西湖晴雨美景的热爱与赞美，对友人刘景文的劝勉安慰与鼓励，对庐山奇景的信笔描绘，对早春景色的心有所乐……"东坡十分相信山川之灵，以至将山水视为知己"①，借助教材中苏轼不同风格、不同情景下的诗文作品，学生可以感受诗品之后的人品，这是一个对大自然美景充满爱意的人，是一个用审美心态对待人生的人。除了突出情感美之外，苏轼作品的独特价值在于往往含有"理趣"。普遍认知中诗的抒情性似乎决定了诗和哲理是难以相容的对立物，但"宋人的理趣诗，以不脱离意象的方式获得了空前的成功，从而使无情的哲学化作缱绻的诗魂"②。苏轼写诗作文常有理趣，哲理意味突出，如《题西林壁》中"不识庐山真面目，只缘身在此山中"是"入乎其内，出乎其外"的哲理，是他经历黄州生活后在当时契机下游山感受的总结和升华；如《饮湖上初晴后雨》中"淡妆浓抹总相宜"，告诉人们真正的美是外在无法影响的；《六月二十七日望湖楼醉书》中，自然界的风雨与人生的风雨有相通之处，"黑云""白雨"似乎与政治的暴风雨和个人命运的坎坷有关，自然界变化无常又有常，相信一切风云都会过去，回归到澄明状态；苏轼词句"谁道人生无再少？门前流水尚能西，休将白发唱黄鸡"，即景抒怀，催人奋进；文《书戴嵩画牛》中，"耕当问奴，织当问婢，不可改也"就事议论，三言两语揭示了艺术源于生活的真理。苏轼作品中的哲理并非说教，并非无情物，是升华了的理智情感，情理交融耐人寻味，通过不断的阅读并审美苏轼作品，对促进学生丰富情感、发展思维、形成健全的人格具有重要的作用。

第三是画面之美。"诗中有画，画中有诗"是苏轼对唐代诗人王维诗画作品的称颂，苏轼本人就是全才，艺术方面有很高的造诣。苏轼的许多作品都很有画面感。"苏轼的写景诗，惯从灵动变幻中取境，无论巨细，均充盈活力，而以宏阔壮美者最擅胜场。或以视点的迅速移动，将纷然杂陈的画面化作连续的动景，

---

① 饶学刚：《苏东坡在黄州》，京华出版社 1999 年版，第 353 页。
② 王洪：《宋诗流变》，京华出版社 1999 年版，第 28 页。

摄入诗中，势如脱兔奔逸，令人目不暇接。"① 例如，六年级苏轼作品《望湖楼醉书》中描绘瞭望湖楼的美丽雨景，才思敏捷的诗人捕捉到西子湖这一番别具风味的即兴表演，用诗句绘成一幅西湖骤雨图，一句一景。再如，选入三年级下册第一单元第一课时的《惠崇春江晚景》是一首题画诗，诗中的画面动静结合，我们透过文字，可以想象那岸边有静静开着的桃花，有急忙跳进水里的鸭子，有挺立的细竹与满地的蒌蒿等，苏轼细致的观察力与细腻的表现力让春天的气息迎面扑来，把诗人对春回大地的欣喜热爱之情微妙地衬托出来。这首诗除了将画面上的实有景物转化成语言符号，苏轼还有丰富的联想，春水初暖而觉"河豚欲上"，挖掘出了静止画面背后的神韵，有评价称"其才思之深真堪称是'水'三分了"②。总之，苏轼有审美的心灵，"美的一半在于风景本身，另一半在于观者的内心"③，苏轼把自己融入大自然，为我们呈现了一幅幅带有心灵滤镜的美图，他作品中有多姿多彩的自然美、画面美，可以让学生沉浸其中，放飞想象，进行审美熏陶，培养学生的审美能力。

除了对苏轼作品选篇审美价值的发掘，其次就是要重视统编小学语文教材的充分使用，进行与时俱进的教育。统编教材的插图营造了意境美、注释角度多样、习作内容丰富，这也是我们审美苏轼作品的重要组成部分。

第一，统编教材的插图营造了意境美。小学阶段的学生以形象思维为主，注意力不集中，容易分神，对画面比较感兴趣，统编版小学语文教材中的一幅幅插图，无论是色彩的搭配、线条的勾勒还是细节的处理都体现了编者的用心。古诗古文部分插图以水墨中国画为主，这也是审美中国传统文化的重要载体，那只可意会不可言传的意境，古色古香的韵味，能帮助学生在美的熏陶中与古人情感共鸣，体会诗歌内涵。如四年级古诗《题西林壁》中，插图只在书页和诗文的右边用水墨铺画了一座座或连绵或耸立的绿山，留白空间需要学生通过想象、带着哲思走进诗中那似乎不可言说的哲理情境中。《六月二十七日望湖楼醉书》出现在

---

① 徐中玉：《苏东坡文集》，巴蜀书社 1990 年版，第 73 页。

② 赵仁珪：《宋诗纵横》，中华书局 1994 年版，第 186 页。

③ Chengcheng Liu, Zhongwen Liu, "Secrets to Su Shi's Happiness under Any Circumstances: Transcending and a Positive Perspective", *International Journal of Applied Linguistics and English Literature*, 2019, 8（2）, p. 216. 原文是 "The beauty lies half in the scenery itself, the others half in the heart of the viewer"。

六年级，配图更加重视营造意境，增强文化底蕴。左下角的淡淡绿柳，让我们感受到诗的格调总归是生机的，"望湖楼"这一古典建筑以及透过门窗可以看到的饮酒文人，湖面小船，船与楼之间的白，是水面，也是延展到远方的天际，那朦朦胧胧的黑烟，是云，未散开的云，是墨，晕染稀释后的墨，"黑云翻墨""未遮山"等语言符号与水墨画面无法一一对应表现，这样有留白空间的插图恰到好处地营造出一种意境，激发学生审美想象力。可以说，教材中水墨画与经典诗词相配，意蕴和谐，相得益彰，可以使学生在潜移默化中受到美的熏陶。

第二，统编教材的注释角度多样。理解有阻塞性的诗歌文言，对于小学阶段的孩子来说有很大难度，借助注释理解诗文是学生学习的重要方法。相对于人教版教材来说，统编教材诗文注释的编排位置有明显的变化，左右排列，这符合学生左右翻看书籍的习惯，如有困顿处，则在同一视界水平线的注视中找寻辅助信息。统编小学语文教材三年级诗文才添加注释，苏轼作品就分布在中高年级，有对新词难词进行解释，有对人物名称或者地名进行说明，有对事物进行描述等，如《饮湖上初晴后雨》中的"潋滟""西子"，《惠崇春江晚景》中的"河豚"等。借助注释可以帮助学生理解诗文，借助注释的窗口也可以渗透我国的古典文化知识和文明，还可以激发学生探索学习的兴趣。如教材中解释"西子"指的是"西施，春秋时代越国的美女"，结合"美女"这个信息，学生可以浅层次理解把西湖比作西施是为了突出它的美，而"春秋时代""越国"这个注释是有历史感的，学生如果对历史有些兴趣，就会产生疑问，"西子"仅仅是因为美就可以令人称赞吗？从春秋时代、越国在这个注释里又能联系出什么信息呢？进而探寻西施为国家忍辱负重，以身救国，对国家爱得深沉的人格美；再如"河豚"指的是"一种肉味鲜美的鱼，有毒"，孩子们日常吃到的鱼没有毒，鱼有毒或许可以激发孩子关注自然的兴趣，大千世界，动物、植物都值得孩子们探索了解。总之，教材中苏轼诗文的注释内容丰富多样，尽量用简洁准确又生动的语言添加诗文注释，对学生理解诗文、开拓思维、感悟生活有很大益处。

第三，统编教材的习作内容丰富。统编教材从三年级阶段开始有了习作。以苏轼作品所在的单元研读教材，可以发现习作的编排注重学生的最近发展区。由最开始的留心观察生活，写日记培养写作兴趣，到后来的组织语言能力逐级拔高，层次感和重点部分要求突出展现，对学生的能力要求不断提升。教材中的习作训练与生活联系十分密切，注重训练学生的生活感知、审美能力，如日记写下生活小事，介绍身边的美景，写自己的植物朋友，想象自己会变形等，"观察"和"想象"方面的要求贯穿其中。苏轼是一个情感丰沛、懂得审美的人，对自然万物观察角度多变或独特，想象丰富，如对西湖风雨的观察描写，对庐山风景的多角度排列，对惠崇画作春天美景的多事物生发……写诗作文有他平淡自然的美学风格。苏轼的人格精神和诗文作品，都可以成为学生习作中汲取养分的资源。透过小学语文苏轼作品这盏明灯，学生无论是审美苏轼作品中的语言表达，还是被苏轼本人审美大自然的态度所感染，学着对大自然或生活进行观察想象，或借鉴运用诗句到习作中加深理解，或尝试模仿创作增长智慧，都能体现出学生的习作与审美苏轼作品相辅相成的关系。

二、苏轼作品选篇审美教育的途径探析

统编小学语文教材中苏轼作品的选编变化更加有利于审美苏轼作品。教学中结合审美教育理论的特征，充分发掘苏轼作品审美教育可利用的元素，引导小学生走近并审美苏轼作品，希望在优化苏轼作品教学的同时能潜移默化提高学生的审美能力。

（一）故事为桥，兴趣为先

兴趣是求知的重要动力源。做好苏轼作品教学，可以多了解苏轼及其作品，从苏轼其人生活趣事、与作品相关的故事进行兴趣激发，创造情景、营造意境帮助学生审美苏轼身上的人格闪光点和作品中丰富的文学和思想价值。

1. 创造情景，漫步课堂

"故事是小学生知识成长和心理成长的重要一环，对发展小学生的语言能力开阔视野，激发想象力，有着举足轻重的促进作用。"① 通过讲与苏轼有关的有趣故事，能拉近学生与苏轼之间的距离，吸引学生的兴趣。

---

① 王笃琴：《英语教学策略论》，北京大学出版社 2007 年版，第 36 页。

比如在教学《赠刘景文》一诗时，段刚老师在公开课上，是以声情并茂的"刘景文"的人生经历故事导入，老师营造了年轻时刘景文被王安石赏识与老年时依旧只是小官的矛盾冲突，激发了学生的学习兴趣，让孩子们对刘景文的人生经历充满了好奇，也会好奇苏轼赠给好友刘景文的诗中会写什么呢？带着好奇走入文本阅读，就是审美作品的第一步。再比如，苏轼是个美食家，东坡肉、东坡饼、东坡鱼等都与苏轼有关，小孩子都会对美食比较感兴趣，在教学《惠崇春江晚景》时，我们可以以"吃货"东坡的故事导入："有这样一个吃货，一路被贬一路吃，一不小心还成为了美食家。贬谪辛苦，美食解苦。他被贬黄州，写下《猪肉颂》，如今这道东坡肉已扬名海内外；被贬惠州，荔枝吃不够，美哉美哉；被贬儋州，亲尝生蚝美味还不忘调侃当官的。这个人就是苏轼，因为苏轼爱美食，所以面对春天的美好画意，他还是在盘算着'吃'呢。当然，苏轼不仅仅写美味，还会写什么？我们一起到诗中去找答案吧！"这样的故事导入展现了苏轼作为美食家的一面，也抓住了小孩子对"吃"这一话题感兴趣的心理特点。

多样的故事可以在课前、课中、课后不同教学阶段发挥作用。苏轼是个可爱的人，他与朋友、与自然万物都真心快乐地打交道，恰当合理的故事可以吸引学生的阅读兴趣，在课堂漫步，潜移默化中受到苏轼审美人格力量的熏陶。

2. 营造意境，丰富课堂

审美教育的课堂需要语言艺术来吸引学生兴趣，加深对教学内容的理解，点燃学生思维的火花。比如在学习《题西林壁》时，经过白话翻译后，直接强调"不识庐山真面目，只缘身在此山中"是苏轼欣赏庐山全景之后的哲理性总结，把"人们要跳脱出来从整体宏观看待事物，不要限于局部的表象"做笔记到书上，学生记了下来，但并没有感受到哲理的美妙。如果老师有丰富的语言，联系小学曾经学过的《画杨桃》课文，概括性地把画杨桃的故事讲给大家听，说明我们往往只能看到事物的一面，也常常被困于自己的局限思维，再把苏轼被贬黄州的人生经历中心态苦闷的一面渲染出来，说明苏轼也曾被困在政局变动下的生活里，郁闷彷徨过，最后再提到苏轼写下的哲理名句，深入理解这句体现的是苏轼的一种超脱态度，超越狭小格局和认知，全面观察分析，才能认识事物全貌。老师的教学语言里有文化底蕴，有知识积淀，学生能在故事般语言描绘的意境里更好地理解哲理。

当然，现代化教学过程中，有很多科学技术手段、现代化教学设备可以帮助我们创造更加丰富优美的意境，要适当使用，不能过多依赖。比如在学习《浣溪沙·游蕲水清泉寺》时，老师可以配乐清新优美的音乐，朗读上阕词中大自然景物清鲜、鸟鸣阵阵的和谐画意。当很难用整体的图画营造了幽美清泉寺旁春景的意境时，可以尝试局部代替整体，选择的图片或突出兰芽清鲜的绿意，或突出细雨蒙蒙下的生灵，或通过清泉寺的幽静氛围来展现。下阕则是不服衰老的宣言，催人自强，配乐选择激扬奋进类型的，朗读时上阕女声悠扬，下阕男声豪迈一些，课堂上的音乐声、读书声，就能营造很好的诗词意境，老师创设"走进苏轼内心"的语境，借助苏轼被贬、患臂疾治疗的背景知识，在语境和意境中理解诗词，学生更容易与东坡执着生活、乐观旷达的心境产生共情，感受到苏轼作品中的美。

（二）就地取材，利用教材

统编教材"是站在既有的各种版本语文教材的'肩膀'上，提升了一些高度"①，是教学的重要桥梁，不能忽视教材本身对学生的审美教育作用。师生之间要学会就地取材，利用教材，抓住老师和学生共有的"教材"这一最佳支架，遵循学生身心发展的规律，引导学生在作品诵读中体会真意。借力插图，放开想象，以探索诗文美景；在教材课文的灵活整合中，设计活动能让学生主动探究苏轼诗文之美。

1. 诵读诗文，多想多思

语文课堂应该是书声琅琅的，要挖掘文本朗读对学生审美教育的巨大潜能。这种读，不是为了完成课堂任务的死记硬背，不是毫无目的地读仰脸书，而是在老师有目的的指导下多种方式、有情有味、入情入境、活泼生动地诵读、美读。例如在教学小学阶段的苏轼七言绝句诗作时，首先要引导学生读准字音，比如三年级《赠刘景文》中的"擎""傲"等已经在诗句中标明字音的字要读准，还要

---

① 温儒敏：《如何用好"部编本"小学语文教材》，载《小学语文》2017 年第 Z2 期。

求认识"赠""刘"等9个字，会写7个字，如果还像一、二年级着重在识字教学那样就分解了古诗课堂的美感，三年级学生面对这么多生字，不能都用拼音这个拐杖来帮助记字，最好的办法其实是读，边读边记，读的遍数多了，字自然顺出口，就认识了；读流利后还要读出节奏，由最开始的一平到底，到读出抑扬顿挫来，七言绝句一般是二二三或者四三来断句，学生可以和老师配合读，可以男女生配合读，可以左右小组或者前后接龙配合读，小学生很愿意参与他们能做到的、大众化的活动，总之，在一种积极活跃的课堂氛围下读的多了，熟读成诵就很轻松了；文以载道，抓住关键字词理解诗意，在理解的基础上入情入境地读，可以读出诗作的味道和精神。比如《赠刘景文》中首联是写"荷"的衰败之景，颔联则写了"菊残"还有"傲霜枝"的转折，古今之人情感是共通的，引导学生加入语气词诵读，语气词加对了，也就意味着理解了诗句意味。小孩子会用"咦""哎""唉"等面对"枯荷残菊"，语调缓而低沉，会用"哇""啊""呀"等语气词面对橙黄橘绿，语调稍高而表现出兴奋满足，老师提供给学生"荷、菊、橘"的文化现象与内涵，学生自然就能感受到苏轼对朋友的劝勉。

学生沉浸在文字里遨游思考，也要在想象里飞翔。爱因斯坦曾说："想象力比知识更重要，因为知识是有限的，而想象力概括着世界上的一切，推动着进步，并且是知识进化的源泉。"① 统编教材的水墨画插图值得我们重视作为课本中苏轼作品审美教育的重要支架。水墨画的意境是简约之中淡远留白的，比如三年级下册的《惠崇春江晚景》本就是一首题画诗，原画作我们无法见到了，苏轼的诗句却可以为我们提供一幅画，学生可以在老师的朗读或者描述中，想象那春天的绿色竹子、绯红桃花，那冰冻融化后的暖暖春水和嬉戏的鸭子，那满地的蒌蒿，短短的芦芽，学生还会在最后一句"正是河豚欲上时"中联想到逆流而上的河豚，可能还会自己增补一些关于春天的色彩斑斓的画面。在进行想象力的放飞后，再对应着课本的插图进行审美，学生应该会疑惑，找不到河豚，这就是一个契机引导学生去感受苏轼看似平常诗句下的虚实结合，苏轼是个吃货，河豚只是苏轼的联想，点活了画面。还有六年级的《六月二十七日望湖楼醉书》，一句一景，抓住"翻""跳""乱"等字，通过披字入文，联结意义，那疾风骤雨的画

---

① 曾繁仁：《走向21世纪的我国审美教育——试论我国审美教育的现代意义》，载《中国高教研究》1992年第4期。

面也会生动地浮现在学生脑海。

总之，"苏轼诗的才气首先表现为在生动活泼，丰富浪漫的想象上，"①苏轼的想象是多姿多彩的，是感情丰富的，是有趣有味的，使得苏轼作品中有更丰富的审美价值。透过文本，充分诵读、想象苏轼作品，就会在过程中获得审美体验。

2. 群文阅读，对比探究

小学语文苏轼作品中以写景类诗词为主，小学古诗文选篇中很多都是关于自然风光的，从这一角度，老师可以从作品主题、背景、内容等方面找到苏轼作品之间或者苏轼与其他诗人作品的联系，整合对比探究式学习，有利于学生主动建构知识框架。

例如《饮湖上初晴后雨》和《六月二十七日望湖楼醉书》，写作于诗人第一次外任杭州通判期间，都是关于西湖美景的，都有酒陪伴诗人，选入教材的单元人文主题都与祖国自然山河有关。三年级的《饮湖上初晴后雨》是展示西湖迷人的湖光山色，六年级选编的《六月二十七日望湖楼醉书》展现的则是一场疾风骤雨。结合时代背景，了解诗人遭遇的变化，后一首诗看似纯粹写景，更可能传达出一种对人生道路的思索。学习后一首诗时，回忆前诗，激发学生对西湖自然美景的好奇探索，可以对苏轼作品情理和谐的美、韵味丰富的美有所感发。还可以补充苏轼1089年第二次外任杭州与好友雨中观赏西湖写下的《与莫同年雨中饮湖上》，诗中有"还来一醉西湖雨，不见跳珠十五年"，时光匆匆，虽悲头发已发白，仍亦喜此次的偶然相逢。"十五年"，苏轼已经历了对他生命打击最大的乌台诗案，颠沛流离品尝冷暖悲欢，诗人用了"醉"字，正如多年前曾与好友"饮湖上"，曾"醉书"，这次的"一醉"，与之前是否有不同呢？他真的还会在美景里醉下去吗？答案是开放的，这个答案需要学生梳理整合自己对苏轼其人的了解，借助一些苏轼资料，才能做出回答。可能会回答苏轼会醉下去，因为苏轼爱自然，豁达乐观；也可能会回答不会醉了，因为经历了很多事，他更加清醒，苦难催人增加了生活的勇气和智慧。无论什么样的答案，在这样的对比整合探究式学习中，学生是思考的主体，老师做适当的引导，都有利于学生真正从苏轼其

---

① 赵仁珪：《宋诗纵横》，中华书局1994年版，第183页。

人身上获得精神滋养的力量。再如相同地点的佳作四年级选编的苏轼作品《题西林壁》和二年级编选的李白诗作《望庐山瀑布》，可以在四年级组织"庐山景点宣传牌"的辩论竞选活动，学生辩论中发表观点，有比较才会有更清晰的认知，学生会重新体会李白诗作豪放浪漫天然的韵味，也会对苏轼那看似平淡自然之语中的议论之妙有更多体会。

总之，学生有很强的好奇心，在整合探究中阅读，老师问题引导得当，会激发学生的探求欲望，建构自己的知识。这种学习的过程是有趣的，是自由愉悦的。

（三）古为今用，实践出真知

实践能让学生把真实的生活作为苏轼作品审美教育的大环境。疫情当下，有条件的游学可以把握苏轼作品与现实的联系，之前的阅读与现在的阅读或实践和谐融合，以期获得最充分真实的审美启迪；再联系"双减"政策下的作业改革，多彩作业有利于学生个性的自由发挥，为苏轼作品进行审美教育也提供了契机。

1. 游学活动，审美日常

苏霍姆林斯基曾说："观察是感受生活的欢乐的源泉和认识生命的价值的源泉，如果这个源泉是枯竭的，那就谈不上人的完满的全面发展。"① 通过对大自然、对日常生活的观察，可以丰富人的感觉，净化人的心灵。苏轼作品中艺术地再现了自然界的旖旎风光，还往往有哲理文思。"游学"活动符合小学生具体形象化的思维方式特点，通过直接接触大自然，化理性的抽象知识或思想于自然和谐的大自然中，提高了小学生对知识的兴趣和掌握程度。疫情情况下，不一定非要到诗人写作的地方去观景，学会利用周边条件，培养孩子自然、日常的审美心灵才是最重要的。

比如，在春天里，经过河流旁，柳树早已抽芽，河中游着鸳鸯或者白鹅白鸭，水是不是暖的？下水游泳的生灵才知道吧。在这样普遍存在的日常美景中，联想到苏轼对自然美景的观察和理性思考后写下"春江水暖鸭先知"，会对"亲

---

① 苏霍姆林斯基：《关于全面发展的问题》，王家驹等译，湖南教育出版社 1984 年版，第 137 页。

身实践才能认知事物"的日常哲理更有感触。再如，面对层层山峰的景色，似乎迷茫看不出山到底是什么样子，联想到苏轼在《题西林壁》中的哲理表达，会豁然开朗，原来看不到事物的全貌是符合事物客观规律的，苏轼简单话语下真是含有妙理！在夏天看到荷花清香的河湖，曾见过这湖的晴天、雨天美景，领略过湖的冬夏变化，想对这片湖表达出心中美好的感觉，或许可以借鉴苏轼对西湖的表达，说出"欲把西湖比西子，淡妆浓抹总相宜"。心中所想，有了诗意语言的恰当输出，孩子心中会因为语言美的喜悦感更加保护诗心、童心。

把教育生活化、把生活艺术化体现了陶行知追求的知行合一的教育思想。当学生身历其境，把课堂所学苏轼的知识迁移运用到语言表达的实践中，用课堂获得的智慧解决生活中的问题，学生获得成就感、幸福感时，自然就更乐意走近并审美苏轼作品，学生也在审美熏陶下进步成长。

2. 多彩作业，个性发挥

课堂教学只是推开了一扇知识的大门，让孩子抓住一缕知识的光辉，当他们想要去探索更多的知识，就会主动在课下寻找机会继续学习。

"双减"政策下，小学的作业也会有很多改革，由之前的读背写等作业，转变为作业形式的多样化，如有了实践性、操作性、创造性等体验性作业，让学生积极主动参与其中。笔者在实习学校就及时关注了小学语文作业形式的变化，去年 12 月六个年级语文备课组展示了"双减"背景下的趣味语文作业。如三年级孩子的习作仿写，读书会阅读分享，唱诗文；四年级孩子的生活观察和小报整理；五年级孩子的图画故事，"听我说"系列，让学生分享自己的业余生活；六年级手工作品、书法、绘画作品展示等。

如今的孩子，大多有课外兴趣补习班，更加多才多艺，把艺术元素融入苏轼作品审美教育中，多彩作业有利于个性发挥，可以以美启智。例如，画一画，你理解的苏轼诗作展现的图画；理一理，整理一次哲理小报，将生活中感悟到的苏轼作品中表现出来的哲理通过具体的事件展示出来，图片、文字、绘画形式不限；演一演，例如将文言文《书戴嵩画牛》的杜处士和牧童对话的情景演出来，假设《赠刘景文》中苏轼与刘景文之间也有对话的场景演出来……在之前的访谈中，有学生提到过自己羡慕诗词大会的王恒屹，小小年纪脱口而出大量的诗文名句，同龄人的古诗储备量，小学生很容易与自己做对比，形成激励力量下决心去好好学习古诗词。借此还可以进行现实版的"苏轼诗词大会"，当学生平时学到的知识得到输出，受到肯定，他们就会有成就感，会更加感受到学习过程中的愉悦幸福。

总之，"双减"政策是"进行时态"，通过组织形式灵活的多彩作业，有利于学生的个性发挥，他们会更加愿意走进苏轼诗文作品，发现苏轼作品中原来有画面美，有哲理性，有生活里的智慧和待人处事的场景感，感受越发真实立体后，学生就会更加乐于与苏轼打交道，在苏轼作品的审美教育中获得智慧。

统编高中语文教材单元导语应用策略探析

张　敏*

相较于以往的同类教材，统编高中语文教材在概念、结构、文本选择和内容设计等方面都进行了重大调整和优化。作为教材重要组成部分的单元导语，也具有明显的创新性，以"人文主题+学习任务群"为基本结构的组元形式，将语文学科人文性与工具性的统一性体现得淋漓尽致，为教师的教、学生的学创建了便利窗口，是保证教学活动有效进行的重要资源。然而，在实际教学中，存在认识不明及"不会用""用不好"等问题，导致这一助教与助学资源出现了搁置与浪费。为此，本文特从认识、使用、使用指导三大层面提出相应的应用建议，以期提升师生运用导语的高效性和实现导语助教与助学效益的最大化。

教师作为教材与学生的连接者，教学活动的组织者，职责的特殊性决定其既要充分发挥单元导语辅助教学之功能，又要有效运用单元导语导引学生自主学习。要言之，要解决上述教师和学生对于单元导语有所忽视的问题，很大程度上依赖于教师主体性的提升及对教学活动的主导。鉴于此，笔者尝试为教学活动主导者的教师如何高效使用单元导语作如下建议。

一、更新教学观念，强化单元导语认识

随着教育的发展进步，学生的学习方式和需求发生了较大转变。传统的教学方式已经不能满足学生的学习需要，教师需不断更新教学观念，采用更加现代

* 作者简介：张敏（1998—　），女，山东兰山人，黄冈师范学院文学院 2021 级硕士研究生。

王本华：《统编初中语文教材建设与立德树人教育——以统编初中语文教材为例》，载《语文教学通讯》2020 年第 10 期。

化、多元化的教学方法和手段，以提高学生的学习效果和兴趣。同时，教师若想不断提高自身专业知识和技能水平，掌握最新的教学理念和方法，提高自己的教育教学能力和素质，就需要不断更新教学观念，用先进的理论武装头脑。加之前文描述，统编高中语文教材单元导语创新性突出，在编写理念、构成要素、形式、功能方面都有了长足进步。故而，教师应更新时代教学观念，强化对统编高中语文教材单元导语的认识。

（一）深入解读编者意图，系统性认识单元导语

"学生时代，是逐步形成人生观、世界观、价值观的关键时期，所以，进行立德树人教育，帮助他们扣好人生的第一粒扣子就显得异常重要。"统编高中语文教材是时代孕育下的产物，承载着立德树人的光辉使命。教材编者共收编69篇课文，设计6个主题活动，于不同方面展现社会人生的积极意义与社会主义核心价值观，在叙事中融入中华优秀传统文化、革命文化、社会主义先进文化，在写人中展现人物高尚的理想信念，青年一代的责任担当，力图通过课文学习，增强学生对中国文化的自豪感和认同感，培养学生坚定的人生目标和追求，塑造正确的价值观和道德观，培养自律和自立能力，为个人的成长和社会的进步作出贡献。教师在教学过程中，需借助单元导语深入解读单元课文学习重点，正确引导学生对同一情感内涵的全面把握，形成系统认识，联系生活实际，于学习中内化情感、态度与价值观。

以必修上册为例，以理想信念为主线的单元有第一、二、六、七单元，包含13课，其中13篇教读文章，10篇自读文章。据表1，各单元主题不一，但教学目标与学习目标均指向情感、态度的培养，由抽象到具体，逐步落实学生的核心素养，教师在教学过程中形成系统认识，有助于教学目标的实现。例如：必修上册第一单元课文有《沁园春·长沙》《立在地球边上放号》《红烛》《峨日朵雪峰之侧》《百合花》《哦，香雪》，从不同角度展现作者的青春之志，宏观视角切入高中学段第一课，教师可以借助单元提示帮助学生初步进行自我认识，确定自己的青春理想。必修上册第二单元课文《喜看稻菽千重浪——记首届国家最高科技奖获得者袁隆平》《心有一团火，温暖众人心》《"探界者"钟扬》《以工匠精神雕琢时代品质》《芣苢》《插秧歌》，借用世界级伟大科学

家袁隆平、劳动模范张秉贵、科学队长钟扬、时代工匠、普通劳动人民的事迹，向学生点明劳动是中华传统美德，鼓励并要求学生树立正确劳动观念，从微观角度具体说明学生应树立什么样的理想信念。必修上册第六、七单元导语则强调终身学习与个性化学习的重要性，以及对自然与生活的热爱之情，同时从微观具体角度阐释应确立什么样的理想信念。值得关注的是，第一、二、六单元强调学生的自我认识，第七单元强调人对自然的认识，由自身转向社会，由个体关系转向社会关系，虽隶属于同一情感内涵，却存在层层递进的趋势，知识点、能力点逐步落实。

表1　　　　部分统编高中语文教材单元导语理想信念情感内涵分析

单元	单元导语提示	单元主题	情感内涵
必修上册第一单元	怀着美好的梦想、纯真的感情，带着对自我的认识、对社会的思考和对理想的追求，我们就此迈出人生的重要一步。	青春	理想信念
必修上册第二单元	崇尚劳动，尊重劳动，热爱劳动，是中华民族世代相传的美德；无私奉献，锐意进取，勇于创造，是新时代青年应该树立的劳动观念。	劳动	
必修上册第六单元	从《礼记·学记》中的"玉不琢，不成器"，到当今社会倡导的终身学习和个性化学习，数千年来，人们一直在不懈地探索学习之道以更好地获取知识，提升能力和自身修养。	学习	
必修上册第七单元	通过文学作品对自然的描写反观自然，可以提升对自然美的感悟力激发对自然和生活的热爱之情。	热爱自然	

因此，教师应注重单元导语的系统性，全面认识导语价值，结合实际教学情况，计划教学步骤，有条不紊落实育人任务。

（二）全面剖析导语提示，巧妙性认识单元导语

作为单元导语页重要组成部分的插图，同样值得关注。鲁迅先生说："书本中的插图，原是为了书籍更加多彩，提高读者阅读兴趣，但插图带来的作用，可

以弥补文字所不能触及的部分。"① 教材中加入的图片、图表、图解等资料，用于更加生动直观地表达教学内容，以视觉形式展现知识，通过图像的形式将抽象的概念具体化和可视化。

以必修下册第七单元导语为例，该单元归属"整本书阅读"单元，阅读书籍为《红楼梦》。《红楼梦》篇幅庞大、人物众多、情节错综复杂、语言古雅繁复，对于现代学生来说可能不易理解和接受。若想拉近文本与学生的距离，仅通过文字或语言阐释较难解决这些问题，这就需要教师动用脑筋从背景图入切入课题。

本单元背景图选择的是第二十七回林黛玉葬花的场景，该场景可谓是《红楼梦》的名场面，以此图为背景的优势有三：一是以广大读者最为熟悉的场面映入读者眼帘，可以快速消除学生对《红楼梦》的陌生感，实现文本与读者的跨时空对话。二是林黛玉作为小说中的主要女主角之一，她敏感、柔弱、多愁善感的性格特点在葬花的场景中得到了淋漓尽致的展现。通过林黛玉为残败花朵而感伤、哀叹的描写，作者巧妙地抒发了人生无常、世事无常的主题，预示了后文中家族荣辱兴衰的命运。三是借助林黛玉与花之间的情感共鸣和对生命脆弱短暂的思考，为读者揭示了她内心的柔软与坚强、对命运的无奈与抗争。这一场景不仅展示了林黛玉的独特个性和情感世界，也暗示了整个故事的主题和人物命运的走向，为后续情节的发展和人物关系的演变埋下了伏笔。因此，用林黛玉葬花的场景引入《红楼梦》，不仅为小说建立了深厚的文学内涵和情感基础，同时也为读者提供了情感共鸣和思考的空间，使得整个故事更加丰满、生动和引人入胜。

二、依托内容提示，重视单元导语应用

"语文教材是教师进行教学的基本凭借；是教师扩展知识的基准；是教师提高教学能力的有效工具。"② 单元导语作为语文教材的重要组成部分，对教师备课、上课及开展课后评价均具有重要辅助作用。

（一）聚焦导语内容提示，优化备课策略

教学活动开始前，教师根据课程标准规定的教学目标、学校制定的教学计

① 鲁迅：《"连环图画"辩护（第四卷）》，人民文学出版社 2005 年版，第 460 页。
② 朱绍禹：《中学语文教科书概观》，人民教育出版社 1997 年版，第 162 页。

划、单元课文的内容特点，进行备课准备工作。对教学内容的重点和难点事先研读学习，并依据学生知识储备、学习情况提前预设教学活动，为提高教学效果和教学质量，有效组织教学过程而进行系统性规划和准备。单元导语既包含编者思想、编者意图，又以人文主题与学习任务群为双线组织，呈现出整个单元中学生需掌握的价值点、情感点、知识点、能力点，因此，单元导语是教师备课时最值得参考的资料。

单元导语是对单元内容的简要介绍和概括，借助导语进行备课，教师能够更好地理解本单元的主题和核心知识点，把握教学重点，准确定位教学目标，理清教学思路，明确所要达到的学习结果。图1为必修下册第一单元导语。

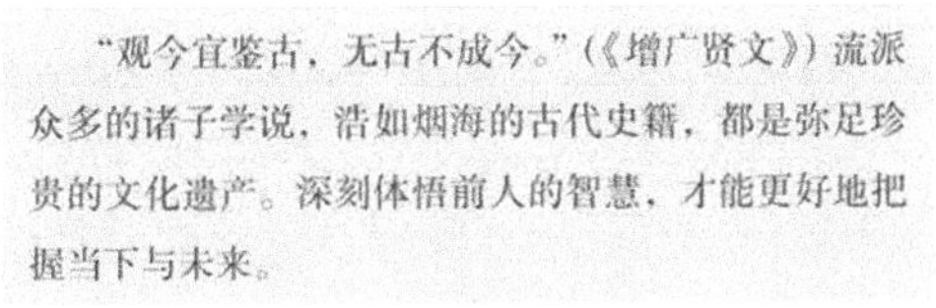

"观今宜鉴古，无古不成今。"（《增广贤文》）流派众多的诸子学说，浩如烟海的古代史籍，都是弥足珍贵的文化遗产。深刻体悟前人的智慧，才能更好地把握当下与未来。

图1 必修下册第一单元导语

由该段可知，该单元的人文主题是"文明之光"，意在教授学生体悟前人的智慧，深化对传统文化的认识。结合单元学习任务群"思辨性阅读与表达"，围绕两者制定教学目标，教学重难点应落在帮助学生在体悟前人智慧时获得思想启迪，培养学生的批判性上。《子路、曾皙、冉有、公西华侍坐》教学目标可以定为：从四名弟子的言行中总结其不同的性格特征，体会其为政的观念；了解孔子的教育观及古人的政治思想和行为规范，引导学生树立正确的人生观。确定教学目标后，结合学生的知识储备，可预设教学问题，提前查阅相关资料。如"孔子为什么要'与点'呢?"这就需结合孔子的思想来分析，教师可提前研读孔子以礼治国的相关著作以此扩充学生的知识储备，增加课堂的广度和深度。

另外，单元导语为教师提供了教学活动设计的参考依据。教师可以根据导语中提到的教学重点和教学任务，设计具体的教学活动，包括课堂讲授、小组讨论、阅读分析、写作练习等，以促进学生的主动学习和综合运用语文知识的能力。统编高中语文五册教材单元导语中学习目标的设置一般采用动宾短语组合而成，分两个维度——行为类别、目标明细，教师可根据维度提示展开教学。

以选择性必修上册第二单元导语为例，共出现“领会”“思考”“感受”“理解”“领悟”5个行为动词，教师可据此设计相关教学活动，如举办先秦诸子专题辩论会，学生可以在实践中亲身感受并理解先秦诸子的论说风格，深入了解先秦诸子的思想观点和辩论方式，培养批判性思维和论辩能力，提高对复杂问题的分析和判断能力。还如撰写相关主题的文学短评，学生通过撰写文学短评对先秦诸子的思想、学说进行深入分析和思考，探究其中的内涵和艺术特色，有助于更全面地了解文学作品，提高文学鉴赏能力和文化素养。同时，还需注意文学短评的结构和组织方式，从而提高写作技巧和文艺修养。依照单元导语提示，教师可围绕单元中心、主旨设计出多样化的教学活动，对于学生的学习效果和发展具有重要意义（见图2）。

> “观今宜鉴古，无古不成今。”（《增广贤文》）流派众多的诸子学说，浩如烟海的古代史籍，都是弥足珍贵的文化遗产。深刻体悟前人的智慧，才能更好地把握当下与未来。
>
> 本单元选取了《论语》《孟子》《庄子》中的经典篇章，以及《左传》《史记》的精彩片段。阅读这些文章，有助于我们了解中华文化的一些重要理念，领会其中包含的人文精神，深化对传统文化的认识，增强文化自信。
>
> 学习本单元，要在理解文意的基础上，整体把握经典选篇的思想内涵，认识其文化价值，思考其现代意义。初步了解儒家、道家思想的特征，体会相关篇章论事说理的技巧和不同的表达风格。阅读史传文，要关注其叙事曲折有序、写人生动传神的特点，尝试理性评价历史叙述中体现的思想、观念，认识历史人物和历史事件。

图2　选择性必修上册第二单元导语

（二）围绕导语内容提示，把握课堂节奏

课堂节奏的把控是教师教学艺术的一个重要方面，直接影响到教学效果和学生的学习体验。在教学过程中，教师需根据教学内容的难易程度、学生的接受能力以及教学目标的实现情况等因素，对教学活动进行时间上的分配和调控，以及

在这一过程中对教学速度、教学强度和教学方法等进行合理安排。教师可以依据单元导语提示的内容，站在学生角度考量内容与知识的难易程度，进行教学内容选择和整理，合理安排教学步骤和教学进度，将内容有机地串联起来，形成系统完整的教学计划。

以必修下册第二单元为例，该单元共收录三篇话剧作品，分别是关汉卿《窦娥冤》、曹禺《雷雨》、莎士比亚《哈姆雷特》。导语指出"通过剧中人物的悲情遭遇，表现了……"由此可看出三部作品均以剧中人的悲情遭遇为主线，在剧情设定上具有一定的相似性，因此教师可采用大单元教学形式，以"悲情遭遇""人生关怀"为关键词开展联读，适当增加课时，具体分析剧中人的悲情遭遇，唤醒自身的情感体验。

其次，导语第三段将单元学习目标分为三部分，一是初步认识传统戏曲和现代戏剧的基本特征；二是欣赏作家设计冲突、安排情节、塑造人物的艺术手法，体会戏剧语言的动作性和个性化；三是理解悲剧作品的风格特征，欣赏作者的独特艺术创造。从目标一可知，学生学习该单元最首要的目标是对戏剧特征的认识，"初步"表明学生此前并未接触过这一文体，教师需在教学《窦娥冤》时，详细讲授戏剧文体特征。从目标二"体会"一词可看出，原本最为重要的语言目标，在该单元变得较为次要，也就是说，教师在教学戏剧语言时不必咬文嚼字，尤其是外国名作译本，仅需帮助学生理解剧中人的个性语言即可。从目标三可知，该单元聚焦于悲剧作品的理解，但并不拘泥于本单元的悲剧戏剧，因此，教师要注意课文阅读的拓展，以"1+X"的教学方式，帮助学生掌握同一类型作品的理解，扩大阅读量，促进知识内化。

（三）依托导语内容提示，开展课堂评价

师生为检测语文课堂的教学效果和学习成果，通常借助"评价"的方式对教学情况、学习情况以及教学方法进行观察、记录和分析。按照形式划分，评价主要分为课前、课中、课后，课前以评价学生的预习情况为主，课中以评价学生在学习流程中的表现为主，课后以评价学生对学习内容的掌握情况为主。传统教育以划分等级的比较性评价为主要方式，用分数的高低衡量教师教学质量与学生学习质量的高低。为规避传统评价方式弊端，可参照 Spady 提出的 OBE 理念，设计

一个评价量表，全面、科学、客观评价单元学习成果。

OBE强调学生的自我比较，"强调是否已经达到了自我参照标准，其评价结果往往用'符合/不符合'、'达成/未达成'、'通过/未通过'等表示"① 将OBE理念与单元导语结合制定评价量表。以必修上册第五单元导语为例（见图3），从导语的学习要求及目标来看，可以将其拆分为几个关键词：关键概念、逻辑思路、阅读方法、阅读经验，按照"动词+宾语"的建构模式，可以从理解关键概念、把握逻辑思路、选择阅读方法、积累阅读经验四个维度设计评价量表评价学生课堂学习情况，具体设计如表2所示：

> 阅读整本书，学习不同类型书籍的阅读方法，积累阅读整本书的经验，养成良好的阅读习惯，不断拓宽阅读视野，我们将终身受益。

图3　必修上册第五单元导语

表2　　　　　　　　　　　《乡土中国》阅读成果评价表

评价标准	理解关键概念	把握逻辑思路	选择阅读方法	积累阅读经验	等级评选
	准确理解☆☆☆	准确把握☆☆☆	准确选择☆☆☆	能够积累☆☆☆	
	基本理解☆☆	基本把握☆☆	基本恰当☆☆		
	不理解☆	不能把握☆	不能自主选择☆	不能积累☆	
等级评选					

该单元是以《乡土中国》为代表的整本书阅读单元，以阅读整本书为主要学习目标。《乡土中国》全书十六章，约6万字，按新语文教学大纲规定的阅读速度，高中生应达到每分钟600字，也意味着读完整本书需要100分钟。由于课时容量的限制，在课堂上实现教读结合显然不够现实，就需要转变课堂场所，开展

---

① 李志义、朱泓、刘志军：《用成果导向教育理念引导高等工程教育教学改革》，载《高等工程教育研究》2014年第2期。

"第二课堂"将主要阅读时间搬到课外，课堂学习仅作辅助角色，如此一来，对教师而言，检测学生的阅读情况便成了难题。为此，教师可以借助根据导语对单元的学习目标及学习要求设计量表，共设计四个维度，分为三个等级，用于自我评价与教师评价。关于学生的自我评价，学生可以根据量表检测自己的阅读情况，在以星号评选阅读等级的方式展示自己对《乡土中国》的理解程度，据此学生可以更好地认识自己的优劣势，制定明确的学习目标，并采取切实可行的方法改进自己的学习和表现。教师还可以根据学生阅读成果自评反馈学生个体对《乡土中国》的掌握情况，更有针对性地设计教学内容和教学方法，为学生提供个性化的指导和辅导，实现学业朝规范化方向发展。关于教师对学生的评价，教师可以评价量表为主，课堂随机提问，作业批改等方式为辅检测学生的阅读成果，宏观上把握学生对文本的掌握情况，及时在学生阅读过程中遇到困难时提供帮助，保障教育教学工作的开展。

在 OBE 教育理念的指导下，结合单元导语信息提示进行学习评价，其最终目标不是检查学习目标是否完成，而是借助量表结果的反馈帮助师生适时调整教学计划和学习计划，帮助学习目标的进一步实现。

三、指导使用方法，提升语文运用能力

正确、科学地使用单元导语能够促使语文课堂实现质的飞跃。在语文核心素养理念指导下编写的单元导语，内容丰富翔实，对引导并帮助师生开展教育活动有独特的作用和意义。教师是单元导语与学生沟通的桥梁，知识传输的纽带，如何在教学中引导学生自主运用单元导语，为语文学习服务，关键在于教师的指导。为充分发挥单元导语优势，指导单元导语使用方法，主要提出以下策略。

（一）整合文本信息，提升学生阅读鉴赏能力

语文教学中，阅读能力指向学生理解、分析和应用文本信息的能力，包含多个方面，包括对文字、词汇和句子的准确理解，对文章结构和逻辑关系的推断和理解，对文本细节、事实和观点的准确把握，以及对作者意图和目的的识别。重视阅读能力，有助于提升学生的语文基础、文化素养，对学业和个人发展都具有

重要意义。统编高中语文教材单元导语作为引导性文本，在提升学生阅读能力方面发挥着重要作用，主要体现在以下几个方面。

一是单元导语往往提供相关的背景信息，如创作背景、创作时代、人物经历、情感基调等，可帮助学生在学习单元课文前对主题、概念或相关术语获得基本认知。如必修上册第三单元举出曹操、陶渊明、李白、杜甫、白居易、苏轼、辛弃疾、李清照的诗词名作，言由心生，展现出诗人、词人的不同人生经历；必修下册第二单元展现不同时代剧作家通过戏剧作品寄托对社会人生的深切关怀，突出"良知与悲悯"的单元主题；必修下册第七单元对小说体裁进行明确提示，"《红楼梦》这部章回体长篇小说，是中国古代小说艺术的一座高峰"。如此一来，可以减少学生在阅读过程中的困惑，搭建扎实的知识框架，以便更好地理解文章内容，提升阅读能力。

二是教师可借助单元导语培养学生预测和推断能力，带领学生深入研讨单元导语各个组成要素的内容与作用，尝试预测即将学习的课文内容，并在内容学习完成后，回顾预测并加以修正。如在选择性必修上册第二单元的学习中，第一段以树与根为喻体，阐释传统文化与先秦诸子的关系，学生便可朝此方向预测单元课文基调；第二段将学习内容限定在"儒家的《论语》十二章、《大学》一章、《孟子》一章、道家的《老子》四章、《庄子》一章，以及墨家的《墨子·兼爱》篇"，列举出先秦诸子的经典论说，学生可以在传统文化基调上猜测课文内容。事前练习能够培养学生的思考和推理能力，提高学生对文本的理解和解读能力。

三是单元导语还可以帮助学生学习和运用阅读策略。这一过程需要教师辅助完成，在导语中引入一些问题、挑战或任务，要求学生在阅读过程中使用特定的策略，例如寻读关键词、标记重要细节、提出问题等，帮助学生积累并灵活运用各种阅读策略，提高阅读技巧和效率。

（二）注重知识迁移，提升学生写作能力

写作能力指学习者运用语言表达和组织思想的能力，涵盖了词汇选择、句子结构、篇章组织以及逻辑推理等各个层面。自学生学习语文课程伊始，教育部便注重培养其书面表达能力，于一、二年级开设看图写话教育活动，试图让学生选择合适的词汇、句子结构和语言表达方式将想法和观察的细节转化为文字表达。于三年级开设作文课，通过综合性语言活动帮助学生更好地组织思维、表达观点和传递信息。高中阶段，写作教学仍是语文学习的主流，写作一题 60 分，占高考试卷（全国卷）的 40%，包含综合语言表达、思维逻辑、知识应用等方面的考查。但在实际教学中常存在写作不受重视的现象，部分教师只停留在对学生作文的批改上，缺乏进一步的指导教学，导致学生作文课流于形式，无法切实提高学生的写作能力。单元导语作为核心内容的挈领，培养学生阅读能力的同时，对写作能力的提升也有较大帮助。

以必修下册第六单元为例，具体展现导语对提升学生写作能力的帮助。首先，导语明确提示要借鉴小说技法进行创作，所谓小说技法，导语给出参考：知人论世、人物性格的发展变化、小说的叙事手法和语言、刻画人物的方法，学生可以此作为创作小说的参照，实现知识迁移，如使用《装在套子里的人》中对典型人物的刻画方法，概括葛朗台（《欧也妮·葛朗台》）的人物形象；尝试用心理分析的方法展现《变形记》中已变成甲虫的格里高尔被父亲逼迫进屋的心理活动。其次，学生可以在研读单元导语的过程中，吸收其中的写作营养，将其内化为自己的知识，借用写作练习表达观点和想法，实现"读写结合"。该单元采用隐晦的语言文字阐释人文主题，需学生自己从中提取、归纳信息，将其总结成"观察与批判"，长此以往，学生的审题、解题能力随之上升。高考作文题型同样是给定说明材料根据理解进行写作，如此便与平时阅读练习形成对接。最后，导语本就是典范性文本，其用词严谨考究，用语亲切自然，语句连贯富有逻辑，思路清晰不落俗套，学生可以在写作中借鉴导语的创作特点，学习和模仿导语创作风格，实现知识迁移利用，促进写作能力提升。

（三）提炼核心要点，提升学生自主学习能力

新课标倡导自主、合作、探究的学习方式，"鼓励学生根据个人兴趣、能力和特长，自主选择学习内容和学习方式，学会自我监控和学习管理，探索个性化的学习方法"。① 所谓"自主"，指学生在一定的指导和支持下，根据自己的情

① 中华人民共和国教育部：《普通高中语文课程标准（2017 年版 2020 年修订）》，人民教育出版社 2020 年版，第 42 页。

感、认知和学习需求，在个人兴趣与学习任务之间做出选择，以发展个性、提升能力、提高探究和应用能力为目标，通过调查研究、读写实践等多种方式主动地掌握知识和技能，形成自主学习的思维模式和方法体系。现代教育大力提倡自主学习模式，但学生无法凭空实现"自主"，需寻求教师的培训指导，掌握一定自主能力后，才可自行选择教学内容与教学方法，开展自主学习。

统编高中语文教材单元导语是学生进入一个新的学习单元时所提供的总览性说明，具有重要的引导和激发学生学习兴趣的作用，并且能够在一定程度上促进学生自主学习能力的发展，具体表现在以下几个方面：

第一，单元导语明确阐述所在单元的学习内容、学习目标和学习任务，使学生清楚知道要学什么、学到哪里去、学得怎么样。导语从人文主题与学习任务群两个层面，揭示单元学习内容，回应"学什么"的问题，如选择性必修上册第一单元以学习伟大复兴为主要情感，以研习中国革命传统作品为主要语文知识、技能任务；导语借助单元目标定位、任务指向，回应"学到哪里去"的问题，是"学什么"的具体落地实践；"单元导语既是教学目标的基点，也是教学评价的落点。"也就是说，"学得怎么样"是"学到哪里去"的评价标准。"学什么""学到哪里去""学得怎么样"三者构成内容—实践—评价一条龙模式，对于学生的自主学习发展具有积极的帮助。这个模式将学习划分为三个关键步骤：学生首先接触和学习相关的内容，然后通过实践来应用所学知识和技能，最后进行评价以检验自己的学习成果。学生按照该模式可在学习中掌握更多的自主权制订学习计划、选择学习资源，决定实践的方式和方向，并检验、评价学习成果。

第二，单元导语提供了一些学习策略和方法的建议，例如如何积极阅读文本、如何做好笔记、如何进行合作学习等，缓解了学生因缺乏有效的学习方法而感到的迷茫和无助，面对复杂的学习任务时焦虑和烦躁的情绪，帮助其更好地规划学习，掌握主动学习的技巧，自主选择适合自己的学习策略和方法，提高学习效率和学习品质，从而增强自信心。

单元导语作为语文教材之一隅，是整个单元内容的精华概括，具有承上启下、引领思路、概括主题的功效。作为单元课文的"门户"，这一板块的有效运用，有利于教师有的放矢进行教学，提高课堂教学效果；有利于激发学生学习语文的动力与活力，促进核心素养的培养。

严防"五化"强化统编教材语文要素落实

叶咏梅*

与其他版本的教材相比，统编版语文教材的特色是语文要素与人文主题相结合并采用单元教学模式。一直以来，语文学科涉及的内容广泛、影响深远，语文要素主要包括语文能力、语文知识的学习以及良好学习习惯的培养，强化语文要素是强化学生语文素养必不可少的内容，故而也成为教学的重点。现在语文要素主要体现在单元重点教学以及落实语用教学等方面，统编版语文单元整体教学为此提供了参照。但是在落实统编版教材语文要素教学时存在一些问题：教学方法简单化、教学内容概念化、知识讲解碎片化、知识巩固表面化、知识积累扁平化等。因此。如何落实统编版教材语文要素，严防"五化"成为当前迫切需要思考的问题。

一、统编版教材语文要素"五化"问题

（一）教学方法单一化

教学实践过程中，教学方法单一、简单，导致学生无法在较短时间内掌握语文要素。严格说语文要素不是一种具体的方法，语文素养的达成离不开教学方法的引导，教师在实践语文要素教学过程中存在教学方法简单化现象，所有的课文都采用固定的教学方法不利于学生知识内化。强化语文要素时应当尝试多方位去思考，提出自己的理解，这也是帮助强化语文要素的有效方法，同时也是阅读理解所具备的素养。目前，许多教师未意识到统编版教材中语文要素的重要性，许

---

* 作者简介：叶咏梅（1990— ），女，湖北黄冈人，东坡小学语文一级教师。

多教师并未采取针对性措施，在教学方法上依然采用单一、固定的模式，如直接在网上下载教学 PPT，所有语文要素都通过多媒体播放 PPT 的形式向学生灌输，并未采用丰富的教学方法使学生养成从不同角度思考问题的思维。同时，单一化的教学方法还使语文课堂丧失了一定的趣味性。

（二）教学内容概念化

概念化的教学内容对于学生来说太过复杂，忽略了学生现阶段的理解能力以及语文要素的储量程度。比如，教师选择概念化、术语化的语文知识作为教学内容，学生在听课时难免感到吃力，对晦涩的语文要素带有抵触心理，从而使学生丧失对学习语文要素的兴趣。语文能力并不是看是否牢记概念、理论的，强化语文要素需要将其转化为有血有肉的精神养分，枯燥的概念并不能体现语文课程的生动性、形象性。同时，教学内容过分概念化还会导致学生养成死记硬背语文概念的无效学习习惯。

（三）知识讲解碎片化

强化统编版教材语文要素落实还需要严防知识讲解碎片化，语文要素以及统编版教材都在强调知识体系的建立，系统性在统编教材以及语文要素编排中起了十分重要的作用。无论是单元内还是整本教材，都具有一定的知识体系，但许多教师受传统教学思想的影响，短时间内无法改变以往碎片化的知识讲解模式，即教师无法将语文要素连贯起来。例如，在讲写作手法时，仅向学生讲解正在学习的写作手法，不能将已学过的写作手法与新知识连贯起来，导致知识讲解碎片化现象频发，新旧知识间难以贯通自然会对语文要素的强化造成消极影响。

（四）知识巩固表面化

众所周知，语文要素的强化需要不断巩固现有知识，不能只停留在传统的死记硬背层面，只强化记忆的知识巩固方式过于表面化，强化语文要素需要更深层次的学习与巩固。记忆层面的知识巩固模式是远远不够的，如何有效地将语文要素转化为语文素养是严防"五化"的思路。因此，强化语文要素一定要防止表面化，应该注重用语言环境强化语文要素，实现知识的迁移。

（五）知识积累扁平化

在知识积累方面，应防止扁平化的积累方式，语文素养的培养是一个日积月累的过程，统编版教材要求语文要素遵循螺旋式上升规律，一点一滴的积累最终汇集在一起，不断用新知识去充实学生的知识储备。而在具体落实语文要素过程中，难免出现知识积累扁平化现象，不注重前后联系以及递进规律。如教师在平时并不重视让学生积累多方面的知识，或未将知识积累落实到具体行动中去，导致学生在写作时素材匮乏，出现下笔难的现象，或是不能正确引导学生如何进行有效的知识积累，学生盲目引用他人的写作手法或美句、美段，出现写作内容华而不实的现象，这些都是知识积累扁平化的体现。

二、强化统编教材语文要素的新"四化"策略

（一）教学方法多样化

语文要素是指语文的学习，而强化统编版教材语文要素落实不仅包含语文知识的学习，还包含了语文方法的把握、语文基本能力的培养。优质的语文课堂离不开丰富多样化的教学方法，统编版教材以单元划分主题，并在单元导语中总结了本单元的主题以及语文要素培养目标。优质的语文课堂离不开丰富多样化的教学方法，统编版教材以单元划分主题，并在单元导语中总结了本单元的主题以及语文要素培养目标。教学方法多样化是强化统编版教材语文要素的重要内容，这要求教师在进行语文教学设计时应具有创新意识，立足于学生的主体地位，科学合理的设计教学方法与内容。同一语文要素在不同课文中的呈现方式存在一定的差距，因此教师的教学方法不能千篇一律或过于简单。例如，在小学四年级上册统编版教材中，第二单元的语文要素为尝试从不同角度阅读，提出自己的问题。《一颗豆荚里的五粒豆》与《蝙蝠与雷达》分别描写了植物和动物两种不同的种类，教师可采用多媒体播放视频作为教学引入的方法，但在学习完课文布置课后任务时应采用不一样的方法：《一颗豆荚里的五粒豆》可以让学生去买豆荚触摸、观察其特点；而《蝙蝠与雷达》一文科技性强，蝙蝠也不是日常生活中常见的动

物，教师可转换思路，让学生观察其他动物。

（二）教学内容系统化

随着语文教学目标与教材的更新，对语文要素教学内容提出了更高要求，严防"五化"弊端需增强教学内容的系统性，增加语文要素间的连贯性。与概念化的教学内容相比，系统化的教学内容是符合语文教学目标的。而统编版教材语文要素系统化具有较多的优势，丰富的语文方法、信息技术为语文要素教学内容系统化注入了新活力。在统编版单元整体教学中，语文要素已具有一定的系统性，即打破了单篇教材内容单一、分散的局面，使语文要素被整合在同一个单元中。因此，教师可根据单元导学中的主题与语文要素开展针对性教学，增加课文间知识的连贯性，将具有同一语文要素的课文联系起来，在一定的课时内着重强化该语文要素，以此避免教学内容概念化。系统化的语文要素克服了教学内容概念化的缺点，语文要素之间的衔接更巧妙，教师在讲解知识时条理也将更加清晰，通过建立知识框架的形式，强化语文要素内容。系统化的教学内容不仅能快速把握语文要素的重难点，还能在一定程度上促进学生思维能力与理解能力的提升。

（三）教学团队专业化

"五化"现象中，造成教学方法简单化、教学内容概念化、知识讲解碎片化等现象的重要原因是教师专业素养的匮乏。由于当前统编教材语文要素工作在落实时"五化"问题严重，所以想要解决这一问题必然离不开专业化的教学团队。语文是一门内容丰富但极富挑战的课程，想要具有良好的语文素养就必须从听说读写等多个方面强化语文要素，学生在学习时需接收大量新知识，对于他们的知识储量来说存在一定的困难，因此必须有专业化的教师团队才能实现严防"五化"的目标。为了强化统编版教材语文要素的教学效果，有必要加大语文师资队伍建设，培养专业水平高的教学团队。一是要选派一些具有创新教学理念、丰富教学方法的教师加入语文教师队伍中；学校可积极引进年轻教师，为强化语文要素工作提供新鲜血液；二是现有的语文教师应以严防"五化"为目标，从听说读写等方面入手提高自身的语文素养，为强化语文要素提供保障。

(四) 语文要素活动化

针对语文要素巩固碎片化以及知识结论扁平化现象，应使语文教学活动化，着重培养学生的语文要素应用于实践能力。活动教学是统编版教材十分重视的途径，因此要想强化语文要素，增强学生学习效果就必须使语文要素活动化。教师应以引导为主，向学生介绍有效的知识积累思路与方法，使学生转变死记硬背的积累形式，积极引导学生在实践或活动中强化语文要素。实践与活动是强化语文要素的重要途径，有利于实现寓学于乐的学习境界。目前，语文教师较为重视学生语文基础知识的讲解，许多教师都在引导学生积累语文知识，但在人文主题方面的重视程度较低。人文主题作为统编版语文教材的特色之一，需要在强化语文要素过程中不断深入人文主题教学。例如，在学习爱国主义相关课文时，不仅应该对课文中所蕴含的语文知识进行讲解，还要重视人文主题这一语文要素的渗透，学校可组织整个年级的学生分批前往当地的红色教育基地学习、感受爱国者的先进事迹，在活动中潜移默化的在学生心中植入爱国主义情怀。

总而言之，统编版教材在以往教材的基础上增加了语文要素的比重，尤其是单元整体教学下语文要素清晰明了，具有较强的适用性。但进一步强化统编版教材语文要素还需要严防"五化"现象，针对语文要素的不同方面探索新的教学思路，从而使语文要素转化为学生的语文素养，提高学生的听说读写能力，并促进学生思想的进步、情感的丰富，实现强化统编版教材语文要素的教学目标，即语文要素与人文主题的双向教学。

教学策划

试论经典纪传文的教学策略

杨道麟　方　芳*

经典纪传文，作为一种经典变体文章，是古今经典文章中宝贵的文化资源，指的是以人物生平、人物经历、人物影响等为特定对象来表现人物品质、突出人物性格、展示人物精神的一种文体。① 这种文体不但具有选材精当性的特质，而且具有描写传神性、再现纪实性的魅力。② 因此，施教者在开展教学时，应以文章学为统领，引导受教者把握经典纪传文的自传性、他传性、评传性等基本类型的同时，也要把握经典纪传文的鸟瞰式、追溯式、版块式等大体结构，还要把握经典纪传文的点面结合、正侧相映、繁简得宜等表达技巧，更要把握经典纪传文的平稳实在、浅显质朴、典雅凝练等语言特色，以期不但能从中"求真"并促使其"探索品质的养成"，而且能从中"向善"并促使其"道德良知的觉醒"，更能从中"崇美"并促使其"自由心灵的建构"。③

基金项目：中央高校基本科研业务费专项资金课题"经典文章教育的美学观照"（编号CCNU15A06030）；国家社会科学基金一般课题"母语非汉语藏族中小学生汉语语用失误研究"（编号17BMZ073）；国家社会科学基金教育学重大课题"中小学语文教育改革研究"（编号AHA120009）子课题"语文教育观研究"。

* 作者简介：杨道麟（1959—　），男，湖北潜江人，华中师范大学文学院教授、博士生导师；方芳（1982—　），女，湖南岳阳人，班颂德皇家师范大学哲学博士，广西科技师范学院副教授。

① 杨道麟：《美学视野下语文学科的文章教学浅论》，载《河南教育学院学报（哲学社会科学版）》2012年第5期。

② 杨道麟：《语文教育学导论（修订本）》，湖北人民出版社2001年版，第309～312页。

③ 陈满铭：《"真善美融合"之三探——杨道麟博士的语文教育美学核心思想述评》，载《焦作大学学报》2012年第4期。

一、经典纪传文的教学要把握基本类型

把握基本类型是经典纪传文教学的策略之一。经典纪传文的基本类型既指其具有自传性的类型，又指其具有他传性的类型，还指其具有评传性的类型。以下主要从经典纪传文的教学要把握自传性的类型、他传性的类型、评传性的类型等三个方面予以阐述。

（一）经典纪传文的教学要把握自传性的类型

自传性的类型的经典纪传文，就是作者以叙写自己生活之中的某些片段或某一方面的经历为主，要求不容许有什么怀疑，既有足够的客观性，又有可靠的真实性。像鲁迅的《鲁迅自传》和王充的《论衡·自纪篇》等就极具代表性。如《鲁迅自传》一文，作者自 13 岁起叙，直至 1927 年 4 月辞职，9 月出广东，就一直住在上海。作者这样叙写，施教者引导受教者读之，他们势必会对鲁迅的求真知、寻真理、悟真谛的曲折经历而肃然起敬。又如《论衡·自纪篇》一文，作者叙写了自己的籍贯、门第、生平、经历、气质、性格、志趣、思想等基本情况，还特别谈到了家世地位与著作优劣关系的问题、著作如何卓然自立的问题以及著作怎样处理与社会关系的问题。首先，关于家世地位与著作优劣关系的问题，该文从三个层面逐一地展开论述，充分反映出作者与众不同的辩证思想和超凡脱俗的精神境界。其次，关于著作如何卓然自立的问题，该文更是纵横捭阖，洋洋洒洒，宏论迭出，作者的纯真之美，雄辩之力，可谓淋漓尽致，入木三分。最后，关于著作怎样处理与社会关系的问题，该文提出了两个衡量著作的重要原则，即著作贵在求真而贱在媚俗、著作的繁简应以"致用"为标准，这就体现了作者强烈的社会责任感。在该文的叙写之中，作者灵敏的思维、出类拔萃的见解、独树一帜的追求、经世济民的精神，等等，皆跃然于纸上。尤其是作者对世俗的反驳，反映了一名孤高自傲、独善其身的知识分子的"不平而鸣"，为捍卫理想而不懈论争、永不妥协的愤激情怀。作者如此叙写，施教者引导受教者读之，他们势必会从该文的深刻辩论之辞、良苦用心之迹中而获得许多启示。

（二）经典纪传文的教学要把握他传性的类型

他传性的类型的经典纪传文，就是作者叙写他人的生活与经历，并通过其一言一行而予以再现，要求忠诚地对待史实，既有充分的稳妥性，又有弥足的信赖性。像阎纯德的《瞿秋白小传》和司马迁的《廉颇蔺相如列传》等就极具代表性。如《瞿秋白小传》一文，作者叙写了瞿秋白这个既是风华绝代的才子更是聪明绝顶的学者的生活与经历。他的人生，本应属于讲堂和书斋，然而时代的浪潮把他推上了历史的前台，踏上了一条书生从政的悲辛之路。他是中国共产党早期的杰出领导人，卓越的马克思主义理论家，新文学运动的主要领导者，著名作家、文艺理论家、翻译家。瞿秋白出生于江苏常州武进县一个破落的"士大夫"家庭，生活在国家和民族灾难深重的 19 世纪末 20 世纪初，曾经为中国共产党早期的主要领导人，是中共成立后第一代、第二代的领袖，为早年共产党的成长和中国革命的发展作出了重大贡献。同时，又由于他所领导的革命运动的失败，而成为共产国际的替罪羊；继之，又受到王明"左"倾集团的打击迫害，但他不忘本心，谨记使命，坚定信仰，砥砺前行。最后，于 1935 年 2 月落入国民党反动派的魔掌，面对他们密集的劝降攻势而坚贞不屈，6 月 18 日在福建长汀昂首挺胸，高唱着《国际歌》，身赴刑场，饮弹洒血，从容就义，走完了一条曲折坎坷的生命之旅。作者这样叙写，施教者引导受教者读之，他们势必会从瞿秋白艰苦探索中国革命道路的真实写照中而受到震撼。又如《廉颇蔺相如列传》一文，作者叙写了廉颇、蔺相如等一批性格各异的人物形象，他们或直爽正派，或忠实厚道，或冒失轻率，或聪明灵活，形象特别鲜明。该文五次渲染了蔺相如操天下大势为己用的睿智：第一次，为国解除危难，他利用国际舆论，借使秦国负曲之势，而捧着玉璧按约至秦赴会；第二次，秦王得玉璧不偿城，他以"璧有瑕"而诳得玉璧后，并抓住其贪婪的弱点，欲以玉璧击柱相威胁；第三次，抓住秦国二十余君"未尝有坚明约束"之过，他借理在己方之势，而派人怀着玉璧回到赵国；第四次，渑池之会，他借"五步之内以颈血溅大王"之势，意欲跟秦王拼命，逼迫秦王就范，并为一击缶；第五次，他借"赵亦盛设兵以待秦"来袭之势，迫使秦国唯恐不能自存，而不敢轻易动兵。蔺相如的机智勇敢、多谋善断、意气风发，已是光彩照人了，而作者笔势陡转，叙写他对无理取闹、寻事生非的廉颇一再宽容忍耐，一再谦逊礼让，连门客都为之感到羞愧。当门客决计要离开他时，他才袒露了"先国家之急而后私仇"的实情。作者如此叙写，施教者引导受教者读之，他们势必会在眼前浮现一个智慧绝顶、勇气过人、胸怀宽阔的贤相。

(三) 经典纪传文的教学要把握评传性的类型

评传性的类型的经典纪传文，就是作者按照人物的生平顺序予以展示，并表明自己的观点与态度，要求不容许凭空杜撰，既有牢靠的证实性，又有坚实的确定性。像牟宗三的《我所认识的梁漱溟》和柳宗元的《宋清传》等就极具代表性。如《我所认识的梁漱溟》一文，作者主要是从学问和人格两个方面去"认识"梁漱溟的。就其学问而言，他认为学问浅的人说话愈多，思想不清楚的人名词越多。在学问里面，要让自己既进得去而又出得来，这就是有活力的生命，而不是被书本知识所左右。做学问不是为了学问而学问，实在是为了弄清自己的生活或生命中所遇到的问题，完全没有把学问当作一个客观外在的对象去追求，学问的根本是为解决毕生思考的人生问题与社会问题服务的。就其人格而论，像他民国初年报考北京大学，不意未取，便发愤地说："我今后一定要够得上叫北大请我当教授！"作者这样叙写，施教者引导受教者读之，他们势必会敬仰中国知识分子所彰显的那种不屈不挠的气节与秉性。又如《宋清传》一文，作者叙写了一个既不属于王侯世家，又并非达官显贵的药材商人——宋清，依靠自己异于他人的经营之道，博得了世人的广泛赞誉，以致生意愈发兴隆、事业更加红火的故事。宋清本是个药材商人，但他不以逐利为其经营的唯一目的。从经营方式上看，他不计一时一事的小利、近利，所卖之药样样货真价实，凡用其药者，无不疗效显著而众口称赞，药到病除而享誉四方。经营之时，他宽以待人，对任何人都以诚相待，最终声名远播，成为闻名遐迩的富家巨室。他对富贵者、贫贱者、得势者、失势者均能抱着一视同仁的态度，尤其是奉送药材所表现出来的救急扶困的卓然之举，堪称时代的佼佼者。被封建社会视为"末流"的商人，大多以追逐厚利为宗旨，有时甚至为此不择手段，而宋清的所作所为却能独树一帜，异军突起，不仅区别于一般商人，更加远过于朝廷官吏的所作所为，因而作者得出了"官不如商"的结论，这就无情地鞭挞了"炎而附，寒而弃"的朝廷官吏，同时也寄托了自己的某些身世之慨。作者如此叙写，施教者引导受教者读之，他们势必会为宋清虽为市井细民却能超乎市井之道的优良品质而称扬。

二、经典纪传文的教学要把握大体结构

把握大体结构是经典纪传文教学的又一策略。经典纪传文的大体结构既指其具有鸟瞰式的结构，又指其具有追溯式的结构，还指其具有板块式的结构。

(一) 经典纪传文的教学要把握鸟瞰式的结构

鸟瞰式的结构的经典纪传文，就是作者通过梳理人物发展节奏的"线"，并寻找和连接"线"上的各个"点"，进而对所叙写的人物或注意其高卑或留心其深浅。像朱志敏的《铁肩担道义》和司马迁的《孔子世家》等就极具代表性。如《铁肩担道义》一文，作者叙写了李大钊最后时期的言论和行动，展示出一个共产党人的高风亮节。该文采用鸟瞰式的结构，既叙写了李大钊被捕之前国内的局势及其所做的主要工作，他面对白色恐怖，临危不惧，坚守战斗岗位；又叙写了李大钊被捕以后的情形，他身陷囹圄，仍关心着党的事业和同志们的安全，把个人的生命和家庭的安危置之度外。还重点叙写了李大钊在敌人的监狱里、法庭上和绞刑架下所表现出来的思想性格。在监狱里，他受尽严刑拷问，敌人用竹签扎进他的指甲缝里，并硬生生剥去了指甲；他写的《狱中自述》，通篇是以国民党人的身份写作的，充分反映了他坚定的革命原则和高超的斗争艺术。在法庭上，他精神焕发，坦然面对一切，"绝不提家事"，与妻子无言告别；他态度镇静，非常沉着，对革命事业满怀着必胜信心。在绞刑架下，他神情自若，毫无惧色，是第一个登上绞刑台的，并充溢着勇气和力量；他视死如归，英勇就义，牺牲时尚不足三十八岁，用丹心碧血书写了对党的事业的无限忠诚。作者这样叙写，施教者引导受教者读之，他们势必会为李大钊依靠坚强毅力和笃定意志来弘扬道德与正义而喝彩。又如《孔子世家》一文，作者叙写了孔子的家族身世、早年从政、好学善学、穷且益坚、整理古籍、教书育人的相关境况，这是研究孔子生平思想的重要文献之一。该文也是采用鸟瞰式的结构，既对孔子的从政经历、整理文献及传道授业等内容给予叙写，又对孔子的刻苦勤奋和追求理想的情形给

予叙写，概括起来，就是"两简"和"两繁"：孔子的从政经历、整理文献、传道授业三个方面内容叙写得简练、要言不烦；孔子的刻苦勤奋、追求理想等两方面的情形叙写得详细、生动具体。孔子是儒家学派的创始人，也是世界文化名人之一，他的发愤忘食、乐以忘忧和学而不厌、诲人不倦以及安贫乐道、与世无争等优秀品质，对我国的历史进步和世界的文化发展均产生深远的影响。作者通过叙写孔子的生平活动及各方面的成就，不但可以让人们深切地感受他的"为人"，体验他的孜孜不倦，了解他的博学多才，而且能够让人们领会他用知识改变自己"贫且贱"命运的精神，叹服他"一以贯之"的人格和决不放弃自己主见的情操。作者如此叙写，施教者引导受教者读之，他们势必会为孔子这位圣贤的高节清风被世人奉若神明而赞赏有加。

（二）经典纪传文的教学要把握追溯式的结构

追溯式结构的经典纪传文，就是作者通过梳爬人物起伏流动的发展轨迹，并遵循"从事后开始"的思维路线，进而对所叙写的人物或追求其根源或探索其缘由。像王乾荣的《周有光：周全而有光》和袁宏道的《徐文长传》等就极具代表性。如《周有光：周全而有光》一文，作者以"史"为主线，叙写了周有光在晚清、北洋、民国和中华人民共和国等四个时代所体现出来的精神特点。该文采用追溯式的结构，大略地叙写了周有光的一生。他就像自己的笔名"有光"那样，一生周全而有光。单单走过一个世纪就已经不同寻常，更何况他还经历过很多的事情。他的研究领域横跨经济、语言、文化三大专业，而且还通晓汉、英、法、日四种语言。他参与了《汉语拼音方案》的制定，无论是方案字母形式的确定，还是具体字母的设计，都作出了很大的贡献，被众人称为"汉语拼音之父"；他还参与主持了《简明不列颠百科全书》中文版的编译，其连襟沈从文也笑称他为"周百科"。他的人生之中留下的许多故事，是经过自己的记忆而筛选过的，通常是习惯性地过滤掉大量的悲剧性因子，而留下最活泼和最幽默的部分，所以其创造力也随着年龄的增长而达到高峰。为此，退休以后的他开始了思想文化领域的拓展工作，这些工作与他前期的语言文字研究一样，始终带有普及常识和提高文化水平的意义。作者这样叙写，施教者引导受教者读之，他们势必会敬佩周有光力主所有研究应为普通大众服务的重要思想。又如《徐文长传》一文，作者以"奇"为主线，叙写了徐文长的才能奇异、性情奇怪和遭际奇特。该文也是采用追溯式的结构，概括地介绍了徐文长的一生。像知遇胡宗宪而上《献白鹿表》，因不得志于有司而"放浪曲蘗"，乃至晚年"佯狂益甚"所招致的不幸遭遇，等等。它以"入、出、卒"为顺序来展示徐文长的"奇"。"入"是总体叙写其才华、性情、遭际等因素："声名藉甚"与"屡试辄蹶"的对比，足以见其数奇；笑傲纵谈与"膝语蛇行"的对比，足以见其性奇；薛君采其能，胡宗宪重其笔，嘉靖帝喜其表，足以见其才奇。"出"是重点叙写其诗、文、书、画等因素：其诗意境奇伟，匠心独出；其文蕴有卓识，气沉法严；其书笔意奔放，苍劲妩媚；其画超逸有致，不同流俗。"卒"是主要叙写其不遇合时机的因素：因疑忌杀其继室妻子而下狱论死；因精神失常而"自持斧击破其头，血流被面"；因恃才傲物而不为社会所容以"抱愤而卒"。这就将徐文长性情旷达、才华横溢、不拘小节、愤世嫉俗的品性表现得淋漓尽致。作者如此叙写，施教者引导受教者读之，他们势必会激起对旧社会埋没人才、科举制度摧残人才的控诉和揭露。

（三）经典纪传文的教学要把握板块式的结构

板块式的结构的经典纪传文，就是作者通过理清人物诸多关系的发展线索，并别具匠心地排列相对独立的内容，进而对所叙写的人物或集中其向内或发散其向外。像杨振宁的《邓稼先》和班固的《苏武传》等就极具代表性。如《邓稼先》一文，作者以几千年来的中华文化为背景，以一百多年来的民族情结、五十年的朋友情谊为基调，饱含情致地叙写了一位卓越的科学家无私奉献的爱国情怀，赞颂了邓稼先为民族、为国家所做出的巨大成就和杰出贡献，表达了自己对至交的深深怀念和崇高敬意。该文采用板块式的结构，不大注意表面的逻辑关系和形式的完整性，而是每"块"都有一条自己的发展线索，并且都是从一个基点出发，从而综合地表现一个总题目。它巧立主题式的小标题，将邓稼先的生平事迹和独特建树放在广阔的社会背景之中，多角度、多侧面地展示了人物的优秀性格和可贵品质，使人物形象显得悲壮而豪迈、伟大而崇高。该文六个部分之间既相对独立各有侧重，又紧密联系相互融合，而且有机地连缀成一个完美的整体。第一部分是全文的小序，第六部分是全文的总结，第二部分简介邓稼先的生平和建树，第三部分是对第二部分的补充、延伸，第四部分从另一角度叙写邓稼先的建树之大，也是对第二部分的扩展、延长，第五部分是第二部分的具体化、详细化。作者这样叙写，施教者引导受教者读之，他们势必会细思慢品文中所弥漫着同窗之谊、挚友之情的浓厚气息。又如《苏武传》一文，作者叙写了苏武出使匈奴，面对威胁利诱而坚守节操，历尽艰辛而不辱使命的事迹，彰显了一个爱国志士的光辉形象。该文也是采用板块式的结构，为了突出苏武的坚强个性、坚定信仰、坚韧意志等主要特征，着力叙写了三个叛徒并与之形成鲜明对比：一个是作为副使的张胜，一个是为虎作伥的卫律，一个是曾为朋友的李陵。在叙写张胜之时，用他的见利忘义而丧失品节、遇事束手无策而对国家民族毫无担当，衬托了苏武的深明大义、富于骨气，以及临危不惧、对国家民族的高度负责感。在叙写卫律之时，用他的软硬兼施、威逼利诱而迫使苏武投降的所作所为，这就更加衬托了苏武的凛然不可侵犯的人生信仰和刚正气节。在叙写李陵之时，用他的斤斤计较于一家一计的恩怨，置国家民族利益于不顾的可耻行径，衬托了苏武则置一家一计的恩怨于不顾，一心一意为国家民族利益着想的高尚品质。他们三个叛徒都在匈奴的威势面前丧失了自己的立场，唯独苏武为了民族的尊严和汉王朝的利益，据"义"力争，宁死不屈。作者如此叙写，施教者引导受教者读之，他们势必会看到一个无怨无悔、矢志不渝、一往无前的民族英雄。

三、经典纪传文的教学要把握表达技巧

把握表达技巧是经典纪传文教学的另一策略。经典纪传文的表达技巧既指其具有点面结合的技巧，又指其具有正侧相映的技巧，还指其具有繁简得宜的技巧。以下主要从经典纪传文的教学要把握点面结合的技巧、经典纪传文的教学要把握正侧相映的技巧、经典纪传文的教学要把握繁简得宜的技巧等三个方面予以阐述。

（一）经典纪传文的教学要把握点面结合的技巧

点面结合的技巧的经典纪传文，就是作者在悉数地叙写人物时既要有突出重心以显示深度的"点"又要有顾及全局以体现广度的"面"，进而呈现人物的丰厚内涵。像刘水清的《干干净净的傅雷》和梁启超的《谭嗣同传》等就极具代

表性。如《干干净净的傅雷》一文，作者高度赞扬中国知识分子的代表——傅雷干净的一生，并表达了敬佩、同情与悲愤之情。该文采用点面结合的技巧，除了开头为傅雷夫妇之死渲染悲凄惨烈的背景气氛，衬托他们高洁的形象和结尾把傅雷夫妇比作露珠，形象生动地突出他们纯洁、高尚的人格之外，重点叙写了傅雷"干净了一生"。首先是在政治上，傅雷的人格表现历来特别清白，他从来不曾有过变天的思想；其次是在经济上，傅雷的品性表现素来异常清白，他能仔细处理好大小财产的问题；再次是在事业上，傅雷的著述表现向来极端干净，他对翻译的名篇而一译再译，力求精益求精。傅雷是真正干净了一辈子，他不动声色，泰然自若，于1966年9月3日凌晨，对非正义作决绝的抗争，赤条条地来赤条条地去了。傅雷走得是真干净，这里的干净，不是贾宝玉所看到的"一片白茫茫大地真干净"，他的干净，是灵魂的升华，是看透人生的超脱。而傅雷是不愿意离开人世的，他对生命依然激情燃烧，所以他死得相当无奈，像一滴露珠，圣洁地滚落到地上而消逝了。作者这样叙写，施教者引导受教者读之，他们势必会从傅雷夫妇的崇高人格对文人所产生的极大影响中获益。又如《谭嗣同传》一文，作者真实地叙写了谭嗣同1898年在"戊戌政变"前后的一举一动，客观地再现了这一时期的历史情状，堪称符合历史真实的人物图画。该文也是采用点面结合的技巧，除了对谭嗣同的青少年时代"少倜傥，有大志"与"好任侠，善剑术"以及二十岁后多次往来于西北、燕赵、东南各省而察视风土并物色豪杰等予以叙写之外，还通过一些很有说服力的史实——发愤提倡新学、南京撰述《仁学》、湖南参预新政、入京奉召参政、不惜以身殉主等，从而展示了他的旺盛求知欲、顽强意志力、强烈使命感、深厚同情心等人格特质。该文以"全知的视象"尽收眼底，并且一五一十、如数家珍地呈现出来，这就不仅具有横向的"广度"，而且颇有纵向的"深度"。这种"深度"主要体现在谭嗣同游说袁世凯的"三部曲"即试探（亲自去袁世凯所在的法华寺查究其对光绪帝的态度）、献计（自以为袁世凯对光绪帝"忠诚"便谋划让他整顿宫廷）、激将（故意当着袁世凯的面称荣禄为"绝世之雄"而有意招惹）之中。作者如此叙写，施教者引导受教者读之，他们势必会景仰一个学术精进、新政有为、死难无惧的维新志士形象。

（二）经典纪传文的教学要把握正侧相映的技巧

正侧相映的技巧的经典纪传文，就是作者在通盘地叙写人物时既要有直接的正面描写以显示总体性又要有间接的侧面描写以体现局部性，进而展现人物的丰富涵养。像卞毓方的《管窥李政道》和魏禧的《大铁椎传》等就极具代表性。如《管窥李政道》一文，作者通过叙写李政道"自己给自己理发""恩师举荐""不寻常的讲演""赠手稿"等内容，多侧面地展示了这位科学巨匠独特而动人的形象。该文采用正侧相映的技巧，首先，正面叙写了李政道在求学的道路上，吴大猷给他提供了重要机遇，使他从浙江大学转到西南联大物理系，得以顺利出国深造，完成了学业；束星北则发现了他的数理天赋，建议他改读物理系，为他指明了研究的路径和方向。由于吴大猷和束星北的共同指引，他在科研上取得了非同寻常的成功。其次，正面叙写了李政道在"爱因斯坦年"纪念大会上的讲演，高度评价了爱因斯坦，显示他不仅是一位严谨的科学家，也是一位充满温情、极具感染力的演说家。再次，正面叙写了李政道"赠手稿"，不仅表现了他对温家宝同志的敬重之意，更表达了他对祖国深深的热爱和期望之情。另外，文中还采用侧面叙写的技巧，以卓别林理发的故事引出李政道奇特的理发习惯，用常规思维衬托出李政道的奇异个性与习性，这就凸显了他不慕虚荣的独到思维和走自己道路的特有性格。作者这样叙写，施教者引导受教者读之，他们势必会学习老一辈科学家终身拼搏，不断创新，无私奉献的精神。又如《大铁椎传》一文，作者通过"大铁椎"的外貌特征、身怀绝技、威严深沉、英勇无畏、行踪飘忽以及武功高强的叙写，展示了一位有识见、讲气节、精武艺、通文墨、擅长铁椎的大力士的"江湖异人"的形象。该文也是采用正侧相映的技巧，在刻画"大铁椎"的形象时，正面简笔勾勒了其"异"的种种表现，即重量与形状及构造的武器之异、饮食拱揖不离铁椎的态度之异、与人罕言语且皆不答的言谈之异、初来乍到时的装束之异、夜半时分诡秘的行动之异，等等。除了从正面简笔勾勒外，还通过宋将军的"工技击"的侧面表现来烘托"大铁椎"的英勇无畏的神情和武艺高强的本领、响马贼的人多势众的侧面表现来衬托"大铁椎"的艺高胆大的风采和镇定自若的气度、星夜决斗的肃杀气氛的侧面表现来渲染"大铁椎"的从容上阵的表情和沉着应战的姿态。以上正侧相映的技巧的有效运用，充分地彰显了"大铁椎"的过人的神力、高超的武艺、豪迈的性格和侠义的精神，透露出对明朝亡国君臣的不满，表达了"抗清复明"的爱国思想。作者如此叙写，施教者引导受教者读之，他们势必会仰慕"大铁椎"的武艺超群、志向远大、胆识过人的风范。

（三）经典纪传文的教学要把握繁简得宜的技巧

繁简得宜的技巧的经典纪传文，就是作者在全面地叙写人物时既要有翔实的浓墨重彩以显示尽致性又要有简略的轻描淡摹以体现入微性，进而再现人物的丰盈内蕴。像文璐的《从杂货店走出来的数学家》和范晔的《张衡传》等就极具代表性。如《从杂货店走出来的数学家》一文，作者叙写了华罗庚由于诸多原因，虽然没有读过大学，却破天荒地登上了清华大学的讲台，成为解析数论、矩阵几何学、典型群、自守函数论等多方面研究的首创者的经历。该文采用繁简得宜的技巧，按时间顺序讲述了华罗庚从杂货店的"小掌柜"通过自学成才所取得的巨大成就，脉络清晰、连贯自然、选材典型、详略得当。全文共 18 个自然段，可分为两个部分。第一部分（第 1 自然段），简略概括地介绍了华罗庚是依靠自学而成为闻名中外的数学家。第二部分（第 2 至 18 自然段），分四个层次翔实具体地叙写了华罗庚的成长历程。第一个层次（第 2 自然段），写华罗庚出生在"乾生泰"的小杂货店里。第二个层次（第 3 至 8 自然段），写华罗庚中学时代就成功解决了《孙子算经》上的难题，对数学的兴趣越来越浓。第三个层次（第 9 至 14 自然段），写华罗庚在中华职业学校遇到了一件终生难忘的事情。第四个层次（第 15 至 18 自然段），写华罗庚从杂货店里走了出来，成为卓越的数学家。作者这样叙写，施教者引导受教者读之，他们势必会弘扬华罗庚坚持不懈、刻苦钻研、忘我奋斗、勇攀高峰的精神。又如《张衡传》一文，作者将张衡在自然科学、文学创作、政治活动等方面的成就统一起来，叙写了一个既真实而又伟大的人。该文也是采用繁简得宜的技巧，重点而详细地介绍了张衡在自然科学方面的成就。首先，从整体上概括了张衡在科学研究上的成就，包括科学发明——候风地动仪以及理论著作——《灵宪》与《算罔论》两个方面。其次，着重介绍了能代表张衡成就的候风地动仪的制造时间、质地、大小、形状、结构、装饰、功用，等等。如介绍构造特点时用"中""傍""外""下"四个方位词为序，便从里到外、从上到下而清楚地予以叙写；以"似酒尊"描写其形状，非常形象具体；用"验之以事，合契若神"的夸张和"自书典所记，未之有也"的赞叹，着力于候风地动仪的准确无误，并以生动有趣的事件，验证其功效的独特。至于对张衡其他创造才能像文学创作的介绍仅遴选《二京赋》的精研精神，则叙写得较为简略；对张衡在政治上的才干仅选取《思玄赋》的由来和出任河间相时跟奸党斗争这两件事，因而叙写得也较为简略。作者如此叙写，施教者引导受教者读之，他们势必会萌生对张衡博闻强识、超尘拔俗、卓然政绩的敬佩之情。

四、经典纪传文的教学要把握出色语言

把握出色语言是经典纪传文的教学的又一策略。经典纪传文的出色语言既指其具有平稳实在的语言，又指其具有浅显质朴的语言，还指其具有典雅凝练的语言。以下主要从经典纪传文的教学要把握平稳实在的语言、经典纪传文的教学要把握浅显质朴的语言、经典纪传文的教学要把握典雅凝练的语言等三个方面予以阐述。

（一）经典纪传文的教学要把握平稳实在的语言

平稳实在的语言的经典纪传文，就是作者在遣词用语时不但要钟情其安稳切当的选择，而且还要属意其真实确凿的采纳，从而真切地呈现所叙写人物的本源真相。像汪曾祺的《才子赵树理》和萧子显的《祖冲之传》等就极具代表性。如《才子赵树理》一文，作者挑拣最精练、最节省、最紧凑的文句，叙写出赵树理丰满而鲜活的赤子情怀。该文在第一段，就对赵树理给予了肖像勾勒，寥寥几笔的叙写，便再现了赵树理的独特轮廓。在第二段，叙写赵树理不只能唱戏还写得一手好字，的确魅力出众。其中的遣词用语，就极具口语化。在第三、四、五段，从赵树理的爱好进而说到了工作：他写稿子十分认真，关键还颇有才；他选稿甚是严格，还能独具慧眼。其中的遣词用语，就非常恰当得体。在第六、七、八段，说完了赵树理的工作后再说到他的生活，相对于工作的认真负责，他在生活中要随意得多，为人正直敢说真话，连划拳都是别出心裁的。其中的遣词用语，就相当自然妥帖。尤其是用"高""长""细长"等形容赵树理的个子、脸庞和眉眼等外貌，其中的遣词用语，着实短小而简单；用"唱""念""拉""走"等表现赵树理的艺术才能，其中的遣词用语，就摒弃了一切修饰；用"高

亢的上党腔"和"扎手舞脚"等便把一个唱戏俏皮的赵树理勾画出来了，其中的遣词用语，委实简洁爽快。作者这样叙写，施教者引导受教者读之，他们势必会叹服该文从小题材中挖掘出深刻的、闪光的大主题的方法。又如《祖冲之传》一文，作者叙写了祖冲之是南北朝时期杰出的科学家，特别是他的数学成就对于中国乃至世界都是一个重大贡献。该文重点介绍了祖冲之在数学方面的成就，其成就首推对圆周率的精确推算，求出精准到小数点后第七位有效数字的圆周率，在 3.1415926 和 3.1415927 之间，这在公元 5 世纪，是一项非常了不起的成就，比西方早了 10 个世纪；他还著有《缀术》，唐朝时曾被列入"算经十书"，作为国家所设算学科学校的教科书，其中的遣词用语平稳实在。还有，他在历法方面，所编制的《大明历》，提出了在公元 391 年插入 144 个闰月的新闰周，根据新的闰周和朔望月长度，可以求出其回归年长度是 365.24281481 日，与现代测得回归年的数据，一年只差 50 多秒，这是当时世界上非常宝贵的档案。其中的遣词用语，堪称真实确凿。另外，在机械制造方面，他改进了指南车，研制了水碓磨，制造了千里船，设计了定时器等，都作出了不平凡的业绩。其中的遣词用语，可谓安稳切当。作者如此叙写，施教者引导受教者读之，他们势必会学习祖冲之顽强拼搏的毅力、百折不挠的意志、坚持真理的勇气。

（二）经典纪传文的教学要把握浅显质朴的语言

浅显质朴的语言的经典纪传文，就是作者在遣词用语时不但要祈望其浅近明白的抉择，而且还要留意其朴实淳厚的选取，从而真实地呈现所叙写人物的本来面貌。像张捣中的《启功传奇》和宋濂的《王冕传》等就极具代表性。如《启功传奇》一文，作者从治学领域广而八方涉猎、书法收获丰而名满天下、学术成就大而建树极多等方面叙写了启功在激荡的岁月里坚持操守，在怒涛的生活中秉持尊严。该文抓住启功的皇室贵族之奇、真情厚意之奇、书法造诣之奇、人品情操之奇四个方面，比较全面地展示了这位老人十分奇特的生命历程和独具魅力的个性风采。就其皇室贵族之奇而言，启功"独创'启'姓，自当始祖"，表现了他的不吃祖宗饭的好强独立、乐天达观的心性。其中的遣词用语，是至极朴实的。就其真情厚意之奇而言，启功"患难与共情未了"，表现了他与结发妻子的相濡以沫、两心相依的情感。其中的遣词用语，是异常淳厚的。就其书法造诣之奇而言，启功"独创'五三五'字体"，表现他的在艺术探索上的开拓创新、锐意进取的精神。其中的遣词用语，是确实浅近的。就其人品情操之奇而言，启功的"三怕"与"二不怕"，前者表现了他的不慕虚名、踏实做人的风范，后者则表现了他的开朗豁达、幽默风趣的品性。其中的遣词用语，是格外明了的。作者这样叙写，施教者引导受教者读之，他们势必会从启功的持有尊荣、宽宏大度、珍视品节的人生中获得启迪。又如《王冕传》一文，作者叙写了王冕"奇"和"怪"的一生。该文第一段，突出王冕之"奇"。王冕听人读书即能够背诵，牧牛忘牛而挨打不悲，夜入寺庙攻读而不惧佛像狰狞。其中的遣词用语，是极度朴素的。第二段，突出王冕之"怪"。王冕迎接母亲入越就养时，故意穿奇装着异服，效仿古人打扮，似乎有怪癖。其中的遣词用语，是极其俭省的。第三段，突出王冕之"怪"。王冕不屑为府史而"倚楼长啸"，在多数人看来，这是其做出的怪诞举动。其中的遣词用语，是特别俭约的。第四段，突出王冕之"奇"。王冕具有好奇的天性，喜欢游览自然界奇异的风景，笃爱结交社会中的奇士。其中的遣词用语，是极端简朴的。第五段，突出王冕之"怪"。王冕在闲顿之时，泰不花荐以馆职，他明知是好意，却拒绝并嘲笑为"愚人"。其中的遣词用语，是出格节俭的。第六段，突出王冕之"怪"。王冕归越后隐居九里山，醉心无拘无束的方式，犹如道教中的散仙一般。其中的遣词用语，是分外文雅的。第七段，突出王冕之"奇"。王冕长期藏器待时，在新王朝刚建立之初，便得到重用，不料一夕暴病丧命。其中的遣词用语，是真正朴质的。作者如此叙写，施教者引导受教者读之，他们势必会钦羡王冕的勤奋好学、懂事孝顺、操行特立、蔑视权贵。

（三）经典纪传文的教学要把握典雅凝练的语言

典雅凝练的语言的经典纪传文，就是作者在遣词用语时不但要珍视其庄重不俗的挑拣，而且还要注重其紧凑简练的遴选，从而真确地呈现所叙写人物的本心原意。像俞晓群的《陈翰伯：文化的先行者》和张廷玉的《张居正传》等就极具代表性。《陈翰伯：文化的先行者》一文，作者叙写了中国的一位重要人物陈翰伯，他不但是一位政治界的执行者，也是一位出版界的领导者，更是一位文化界的先驱者。该文选取了陈翰伯 60 年人生经历中的典型材料，表现了他在中国出版界的重要地位及其政治、文化等方面的突出贡献。首先，是陈翰伯在 20 世纪 30 年代及以后，冒着危险撰写了许多好作品，婉转而策略地宣传了共产党的主张。其中的遣词用语，是愈益庄重的。其次，是陈翰伯在 1958 年 8 月，出任商务印书馆负责人后延续"百年商务"的文化传承，出版了大量的重点图书项目。其中的遣词用语，是更加不俗的。再次，是陈翰伯赞成"读书无禁区"的主张，敢于触摸时代最尖锐的问题，为国家开列辞书建设的书单，并创办《读书》杂志，引领了社会大势，其工作具有开拓性。其中的遣词用语，是越发精致的。又次，是陈翰伯在中华人民共和国成立后担任商务印书馆总编辑兼总经理、人民出版社领导小组组长、文化部出版局局长、国家出版事业管理局代局长等职务。其中的遣词用语，是加倍简练的。作者这样叙写，施教者引导受教者读之，他们势必会敬佩陈翰伯既是红色报人又是优秀出版家还是文化首倡者。又如《张居正传》一文，作者叙写了张居正为巩固国防、整顿吏治、改善财政、变革赋税等所产生的影响。该文选定了明朝中后期著名的政治家、改革家张居正，使万历时期成为明王朝最为富庶的时代的事迹。张居正五岁就会识文断字，七岁能通六经大义，十二岁考中秀才，十三岁时参加乡试，十六岁及第举人，二十三岁登科进士。隆庆元年（1567 年），他担任吏部左侍郎兼东阁大学士，后迁任内阁次辅，为吏部尚书、建极殿大学士。隆庆六年（1572 年），万历皇帝登基之后，因小皇帝朱翊钧年幼，一切军政大事均由他主持而裁决。他在任内阁首辅的十年之中，力挽狂澜，实行了一系列的改革措施，把衰败、混乱的明王朝治理得国富民安，为垂亡的明王朝延长了七十年的寿命。其主事时声名显赫、望而生畏、圣眷优厚、无可比拟；但隆葬归天之际即家产被查抄、爵封遭褫夺，以至于祸连老母，罪及后代。他生前身后毁誉之悬殊，足见人情冷暖、世态炎凉。以上叙写时的遣词用语，不但典雅庄重，而且简明精练，均彰显出正大典范的特色。作者如此叙写，施教者引导受教者读之，他们势必会膜拜卓有成效的政治实干家、独具特性的政治理论家张居正。

作为经典文章中的经典变体文章的一类的经典纪传文，它在语文教育中占有举足轻重的地位，对受教者语文（语言、文章、文学)① 素养的全面提高，发挥

---

① 曾祥芹：《论"一语双文"的语文内容结构观》，载《课程·教材·教法》2015 年第 4 期。

着不可替代的作用。以上关于经典纪传文的教学要求施教者既要引导受教者把握经典纪传文的自传性和他传性及评传性等基本类型、又要引导受教者把握经典纪传文的鸟瞰式和追溯式及板块式等大体结构、还要引导受教者把握经典纪传文的点面结合和正侧相映及繁简得宜等表达技巧、更要引导受教者把握经典纪传文的平稳实在和浅显质朴及典雅凝练等出色语言的几个方面的论述，基本上体现了经典纪传文的教学策略，施教者用以指导经典纪传文的教学，将有助于受教者从中有效地达到既"提高智能水平"又"弘扬人文精神"更"追求审美境界"① 的理想目标，并切实地进入"人的发展和完整性建构"② 的全新境域。

---

① 杨道麟:《语文教育美学研究》,中国出版集团现代教育出版社 2011 年版,第 10~11 页。

② 曹明海:《让语文点亮生命》,载《中学语文教学参考》2007 年第 9 期。

《昆仑奴》：线上连堂课教学实录

付鹏图 *

文言文和小说的教学，是高中课程体系和高考命题考查的重要区块。在常规课程教学中，存在文言文本教学重语言知识翻译理解而轻审美鉴赏，小说课堂重鉴赏能力、而能力迁移巩固不够的情况。

小说在中国传统文学中大放异彩似乎是宋元以后的事情，直到清朝出现《红楼梦》与《聊斋志异》为代表的长短篇小说并驾齐驱。部编版新教材新增篇目《促织》，出自蒲松龄的《聊斋志异》，编者将其与卡夫卡《变形记》合编为一课，对学生的文言基础和鉴赏能力提出了很高要求。这也为我们挖掘开发文言作品鉴赏提供了启示。

其实中国文学作品有擅长讲故事的悠久传统。从《诗经》中的征夫弃妇，到司马迁笔下的英雄史诗，从《搜神记》《世说新语》中的志怪志人，到《唐传奇》等，都极有阅读趣味和鉴赏价值。在读了上海作家叶开编写的《最好的语文书》系列，特别是"唐传奇"分册之后，我很受启发。决定和学生大胆尝试，择取一二经典篇目，兼顾文言知识和小说鉴赏，兼顾老师引导和学生发挥，兼顾思考火花和表达规范。让学生获得新鲜趣味，巩固文言知识，提升能力素养。

线上课堂，老师讲授过多，或者学生做题过多，或者囿于常规课程的照本宣科，学生和老师都容易陷入疲态。如何拓展课程资源，让学生真正运用所学知识来解决问题，强化知识，锻炼鉴赏和表达能力？我想到了从唐传奇中挖掘。其作为传统短篇写人叙事的文言小说，非常具备教学价值和探索意义。

回头再看，收获极大，喜出望外。谨将操作过程记录如下：

（1）选文排版。网上选定一篇《昆仑奴》，因其文字顺达，情节性强，多人

---

* 作者简介：付鹏图（1980—　），男，湖北通城人，武汉市第二高级中学教师。

物互动，性格鲜明丰富，容易产生话题讨论。从网友复制下载之后，对照纸质书通读，校勘无误后，调整行距，挖空（在重点词后面打括号），用 A4 格式排满两页，转换成 PDF 格式，分享给学生，居家打印。

（2）落实词义。要求学生通读文本，根据故事情境，完成重点文言词义标注。老师同步手写完成，选择两个文言基础比较突出的学生，每人提交一页给老师批改，老师提供手写参考答案，让他们红笔订正，然后提交订正版拍照，老师分班选一张上传，让学生完成红笔订正。

（3）设计问题。老师多思考，提供多个问题，欢迎学生补充问题。

根据本文设计了七个思考题：

①传统小说情节具备完整性，请尝试根据"开端、发展（再发展）、高潮、结局、尾声"的结构，用短语概括各部分情节。

②崔生的性格有一定的不足，但是又具备合理性，请分析。

③磨勒的武艺很高强，在小说中有多处表现，作者是怎样写，让读者感到不犯重、不乏味的。

④小说中多处采用对比手法刻画人物，请举例说明。

⑤小说名"昆仑奴"，在后世传播演绎过程中，又改名为"崔生""磨勒盗红绡""昆仑奴剑侠成仙""红绡妓手语传情"等，试分析这些标题作者的考量，如果你来编排你会用什么标题？

⑥优秀的作品传递优秀的价值观，试分析这篇小说的思想价值。

⑦唐传奇，在六朝"志怪小说"（写鬼神灵异传说）的基础上，有重大发展突破，专写日常的人，奇异的事。以这篇小说为例，说说"奇"在何处？

（4）任务下沉。确定问题之后，迅速将问题发班级群，鼓励学生认领，接龙选择，部分学生会先选感兴趣话题。剩下没有选完的题目，老师物色目标，给信心，给引导。让学生就问题在腾讯会议做小演讲准备，建议演讲有提纲或者手稿，讲完了在学习群同步分享手头笔记。为其他同学树立学习范式和作业标杆。

有学生正在午睡，就被我信息轰炸了，盛情难却，舍我其谁，学生发出了哭笑的表情！有一个学生一口气找到了七个对比点，汇报说"有一种丰收的感觉"，并就对比分析的文稿质量，昆仑奴肤色等无厘头问题，和我私信交流甚欢。

（5）思考与表达。演讲分两天完成，当天每人在练习本上做作业，每题按照

6 分题标准，要求写好层次。学生小演讲效果，从以下学生作业范例中，可以管窥。

①传统小说情节具备完整性，请尝试根据"开端、发展（再发展）、高潮、结局、尾声"的结构，用短语概括各部分情节。

答：

a. 开端：探病一品，初识红绡

b. 发展：红绡女暗语魅惑崔生，磨勒为主解疑排忧

c. 再发展：崔生会红绡，磨勒助出逃

d. 高潮：一品捕磨勒

e. 结局：磨勒遁走，一品骇惧

f. 尾声：磨勒洛阳重现身

②崔生的性格有一定的不足，但是又具备合理性，试分析。

答：

a. 不足：红绡女请求救出自己时优柔寡断，事情败露后推卸责任怯懦畏缩。

b. 合理性：崔生出身显赫阶层高贵，成长顺利以至于未有担责的意识及能力；在一品之流荫庇下他前途光明，相较之下红绡女与磨勒并不重要。

③磨勒武艺高强，在小说中多有表现。作者怎样写，可以让读者感到不犯重、不乏味？

答：

作者是通过多角度多手法详略结合的描写让读者感到不乏味不犯重的。

a. 多角度。正侧面交织，有讲述，有正面描写行为及动作超凡入圣，有侧面以一品兵士的畏惧与束手无策衬托，将磨勒的武艺高强立体呈现，故无重复之感。

b. 多手法。通过语言行为、动作等多种描写及比喻夸张、渲染等多种手法去写磨勒的武艺高强，读来生动丰富，不觉乏味。

c. 详略得当，层层递进。文章从语言简略讲述，到详述经过结果，极力描写烘托，由虚入实，由简入繁，读者对磨勒武艺高强的认识层层加深，丝毫不觉重复、乏味。

④小说中多处用对比手法刻画人物，试举例说明。

149

答：

a. 开篇崔生英才俊朗、家世显赫，与磨勒地位卑下形成对比；同时为后文两人形象改变埋下伏笔，分别使用了欲抑先扬、欲扬先抑的手法。

b. 崔生一个书生不解红绡语，磨勒却能通晓，还为其出谋划策，此处崔生见识浅薄、头脑平平便与磨勒的敏锐聪慧形成对比，体现出崔生不过平凡迂钝儒生，而磨勒则更聪颖热心。

c. 红绡诉衷肠愿为崔生作仆隶换取自由与爱情，背景优越的崔生却不敢决断。红绡女的勇敢坚定与崔生的忧患犹豫形成对比，凸显了红绡女敢于反抗敢于追求幸福的形象，同时体现了崔生的怯懦。

d. 磨勒主动帮助红绡出逃，拥有决定权的崔生却犹疑不决。磨勒的热心善良与崔生的怯懦畏缩、自我考量形成鲜明的对比，勾勒出磨勒古道热肠的侠气，也让读者认识到崔生具有怯懦与一定的自私。

e. 一品大员问责崔生，崔生畏惧将责任尽数推给磨勒，磨勒则直面围堵，最终逃出生天。崔生推责与磨勒担责形成对比，再次体现出崔生的怯懦自私与磨勒的勇敢负责。

f. 一品大员歌姬盈室、仆役成群身份显赫势力庞大，却惧磨勒以至必杀之而后快，差使五十人围捕一磨勒，被磨勒只身脱逃。一品的骄奢淫逸、心胸狭隘与磨勒的简朴善良、宽大对比，刻画了一个正直善良、武艺高强的磨勒与一个极度自私的一品、一群相互荫庇、目中无人的贵族官僚们。

g. 磨勒前文武艺高绝，文末市井卖药，传奇与平凡对立统一，令其形象丰富立体。

h. 崔生开篇丰神秀逸，后文怯懦自私，讽刺的形象反差对比，刻画出了一个养尊处优、平庸优柔的典型公子哥儿形象。

⑤小说名"昆仑奴"，在后世传播演绎过程中，有改名为"崔生""磨勒盗红绡""昆仑奴剑侠成仙""红绡妓手语传情"等，试分析这些标题作者的考量，如果你来编排你会用什么标题？

答：

a. "昆仑奴"标题开门见山，直接点明中心人物，同时因所有故事都围绕其展开，表明这是一篇典型的人物志。

b. "崔生"视角介绍与核心驱力。该故事虽为第二人称，但主要以崔生方面较为有限的视角展开叙述，同时崔生相思故事情节由崔生的欲望和选择推动，以崔生为题是出于聚焦线索人物，拉近读者距离的需要。

c. "磨勒盗红绡"是中心事件。"盗"是核心情节，所有前后情节都与之相关联；同时"盗"突出了主人公磨勒的侠盗义举，凸显了主旨。

d. "昆仑奴剑侠成仙"：突出传奇武侠的色彩，"成仙"虽玄幻，却很合大众读者胃口，迎合市场喜好。

e. "红绡女手语传情"：侧重言情，一方面突出红绡女对自由与爱情的追求，另一方面也是投读者所好。

⑥优秀的作品传递优秀的价值观，试分析这篇小说的思想价值。

答：

a. 小说通过对大胆追求自由与爱情的红绡女的刻画，歌颂了追求自由、幸福的勇气。

b. 通过描绘红绡女的勇气、磨勒的聪慧仗义与崔生的怯懦平庸、一品的骄奢狠毒，诘问当时社会固化的阶级。

c. 通过磨勒热心助人却被推责遭围捕的情节引发读者反思，呼唤了善良、担当的精神品质。

d. 小说突破了传统道德约束，勇于追求人性的真善、美，本身即是极大的价值。

⑦唐传奇，在六朝"志怪小说"（写神的灵异传说）基础上，有重大发展突破，专写常的人奇异的事。以这篇小说为例，说说奇在何处？

答：

a. 情节"奇"：红绡女暗语，磨勒救人，又在一品围捕下全身而退，故事一波三折，情节曲折离奇，是传奇之一"奇"。

b. 手法"奇"：小说大量运用对比、语言、抑扬与留白展开叙述、塑造人物，手法丰富，运用得当，是传奇之二"奇"。

c. 人物"奇"：勇敢聪敏的红绡女，以情移性的崔生、虚伪自私的一品，以及武艺高强聪慧仗义的昆仑奴磨勒，这些形象鲜活、令人动容的人物即是传奇之三"奇"。

d. 主旨"奇":作为古典小说,它突破了时代与传统的限制,大胆歌颂自由、幸福与人性的同情,是传奇之四"奇"。

(6) 评价打分。每题设计 6 分,能够做到分层作答,提纲挈领,分析精当,书写清晰的,有机会得 6 分。目的是培养学生思维向文字表达,文字表达向试卷有效表达的转化。

享受劳动滋味　创造美好生活

——《芣苢》《插秧歌》教学设计

徐林霞[*]

一、教 材 分 析

《芣苢》《插秧歌》是统编本高中语文教材必修上册第二单元第六课的两篇以劳动为主题的古诗词，属于教读课文。本单元的人文主题是"劳动光荣"，旨在通过本单元的学习让学生认识劳动的价值和意义，深入体会劳动最光荣、劳动最崇高、劳动最伟大、劳动最美丽的思想，树立新时代的劳动观念。

《芣苢》是一首欢乐的劳动之歌，全诗三章，每章两句，采用重章叠句的手法反复咏唱，节奏轻快、旋律和谐，总体上表达出人们采摘芣苢时欢乐的情绪。《插秧歌》描写了田夫、田妇、大儿、小儿各有分工，拔秧、抛秧、接秧、插秧，紧张忙碌而秩序井然。前两句纯用描写手法，极富表现力。后两句宛若一组特写镜头，绘形绘声。这两首诗虽然产生于不同的时代，运用了不同的表现手法，但同样表现了古代劳动者的精神风貌，还原了劳动本身的滋味。

除此之外，《芣苢》产生的时代属于先秦时期，当时的生产力极其低下，人们需要到野外采摘芣苢这样的野菜来维持生活。而到了《插秧歌》所描述的宋代，人们早已开始广泛地培育农作物，生产力得到了极大的发展。这种劳动模式的转变得益于人们在劳动中不断地观察、思考、探索和总结。发现这种转变及其背后的原因，能够帮助学生更好地理解劳动的价值与意义，树立创造性

---

* 作者简介：徐林霞（1990— ），女，湖北蕲春人，黄冈师范学院文学院 2022 级硕士研究生。

劳动的意识。

统编本新教材的一大特点是要求整体设计学习活动，灵活处理单元导语、课文及注释、学习提示以及单元学习任务，强调真实情境下的语文活动。因此，在教学时，可以将单元导语、注释、学习提示贯穿于课文学习当中，学生通过学习跨越千年的不同时期的劳动观念，对劳动会有更多的认识与感悟。教师可以让学生就课堂所学所悟，从本单元学习任务一里的四个话题中任选一个，结合课文具体内容，分组完成专题研讨。

按照教材的统一部署与安排，本篇课文教学用时为一课时。

二、学 情 分 析

本文的授课对象是刚走进高中的高一学生。经过小学和初中阶段的学习，学生对于古诗词具有一定的鉴赏能力，加上所选的诗歌语言较为通俗易懂，因此学生在理解诗词大意方面难度不大。但学生与诗歌创作时代相隔较远，也较少参与到田园劳动当中，同时，感受和体验文学作品的语言、形象和情感之美，欣赏、鉴别和评价不同时代、不同风格的作品，形成正确的价值观、高尚的审美情趣和审美品位等方面还需要教师进行进一步的引导。

三、教 学 目 标

（1）引导学生反复诵读诗歌，理解诗中重点字词的含义，从而品味诗歌中蕴藏的丰富内涵与情感。

（2）了解诗歌所运用的描写手法，体会"重章叠唱"、白描等手法在表情达意上的作用。

（3）通过两首诗歌的学习，对先秦至南宋时期的劳动观念形成线性认识，理解劳动的价值与意义，联系实际，树立正确的劳动观。

（4）在背诵与拓展中，弘扬民族文化和民族精神，提升文化自信，增强文化自觉，培养学生的文化传承与理解素养。

四、教学重难点

（1）教学重点：引导学生反复诵读，抓住重点字词与描写手法，品味诗歌中蕴藏的丰富内涵与情感，体会古代劳动者的精神风貌。

（2）教学难点：通过思考探究，对先秦至南宋时期的劳动观念形成线性认识，从而进一步理解劳动的价值与意义，树立正确的劳动观。

五、教 学 方 法

本课中将用到教学方法为：自主学习法、涵咏诵读法、合作探究法、整合比较法。

六、教 学 过 程

1. 提问导入，走进诗歌

同学们，劳动对于大家来说并不陌生，但你们知道先秦时期的人们是怎样劳动的吗？南宋时期的劳动生活又是怎样的呢？今天就让我们一起走进《芣苢》，走进《插秧歌》，走进古人的劳动生活。

设计思路：提问导入可以有效激发学生的兴趣，简单直接的方式能够快速进入主题，为后面的学习与讨论留下充足的时间。

2. 走进先秦，赏读《芣苢》

（1）诵读《芣苢》，落实预习。

设计思路：齐读可以检查预习效果，及时正音。同时，整体朗读可以带领学生回顾全诗，为后面的学习做好准备。

（2）同桌合作，体会劳动滋味。

同桌互读诗歌，重点体会六个动词的含义，思考并交流：从这六个动词中你读出了什么？

明确：①丰收的喜悦。袺是提起衣襟兜东西，襭是把衣襟掖在腰带上兜东西。这说明她们的收获非常多，多到可能带来的篮子都装不下了，所以掀起衣襟来盛放。满载而归的喜悦之情自然蕴含其中。

②劳动的艰辛。六个不同的动词说明采摘芣苢的过程不是单一动作的重复，可能需要不断地变换动作。而且，摘芣苢需要弯腰，摘得越多说明劳动的时间越长，人们也就越劳累。在这里，我们还可以通过列举其他已经学过的有关劳动的诗句来进一步验证劳动的艰辛。

③集体劳作。诗中描述的采摘芣苢可能是一个群体活动，每一个劳动者可能都有不同的劳动形态，因此，这六个动词描绘的可能是不同劳动者的动作形态。

设计思路：设计思路：边读诗歌边体会动作，不仅可以激发学生的朗读兴趣，还有利于学生更好地理解六个动词的含义，将课下注释与文本内容结合学习。在反复的诵读、回顾关联诗句和相互的交流中，可以促进学生理解动词背后所蕴含的丰富的情感，从而引导学生树立起珍惜劳动成果的意识。

（3）对比朗读，深化情感理解。

PPT 出示改编诗歌：

采采芣苢，薄言采之，有之，掇之，捋之，袺之，襭之。

请同学们对比朗读改编后的诗歌和原诗，你读出了什么感受？

①关注节奏，体会情感。连续的动词有一种只强调动作的感觉，没有情感。而重复的句式不仅可以舒缓节奏，还形成了一种回环往复的音乐美，让人体会到劳动者的享受之感。

②关注注释，体会情感。课下注释中"采采"的意思是茂盛的样子，采采的不断重复让人感到这里的芣苢长势茂盛，有采之不尽的感觉。

③想象画面，模拟情景朗读。

　　设计思路：设计思路：《诗经》中有大量的诗歌都采用了"重章叠唱"的手法，这种诗歌形式是《诗经》的一个重要艺术特征。通过改编诗歌可以让学生更好地体会重章叠唱的作用，为以后阅读《诗经》中其他类似的诗歌奠定基础。最后通过引入名家解读，将学习提示贯穿于课文学习之中，拓宽了学生的学习视野，同时模拟情景朗读为学生创造了真实的学习情境，让学生身临其境般深入体会诗歌情感。

3. 跨越时空，研读《插秧歌》

小组合作，研读诗歌，交流诗中情感与手法。

明确：①温馨和谐。从"田夫抛秧田妇接，小儿拔秧大儿插"这一句中，可以体会出一家人在一起劳动的齐心协力、分工合作。

②忙碌与艰辛。从"笠是兜鍪蓑是甲"这一个比喻中，我们可以看出，插田就像战争一样紧张，因为需要抢占农时，所以即使"雨从头上湿到胛"，也没有停歇。而最后两句中，他们忙得连早饭都没有时间吃，一直低着头，弯着腰插秧。

③投入与忘我。插秧时顾不上吃饭，也顾不上被雨淋湿，心里只想着田里的秧苗有没有栽完，会不会有鹅儿和雏鸭来捣乱。

　　设计思路：《插秧歌》运用白描的手法，通过外貌描写、细节描写、语言描写等，写出了农家插秧的情景，对于具有一定诗歌鉴赏水平与自主学习能力的高中生来说，理解难度并不大。加上学习《芣苢》时，教师引导学生抓住关键词与表现手法，通过反复诵读来理解诗歌情感，这种方法对于《插秧歌》的自主学习也有借鉴意义。但每个学生的学习能力与知识水平存在一定差异，小组合作的学习方式可以降低学习任务的难度，促进学生相互学习，锻炼学生的表达能力与合作意识等多方面的素养。

4. 思考探究，深入理解劳动观

（1）回顾两首诗歌，思考：这相隔1000多年的劳动生活，有什么不同？

明确：劳动对象与劳动模式的转变。苤苢是一种野菜，而插秧是一种有意识的培育活动。

在先秦时期，人们主要依靠狩猎采集为生，当没有猎物可以维持温饱时，他们就通过采集和食用生长茂盛的野生谷物来维持生存。当时的自然环境存在着极大的不稳定性，生产力极其低下，他们需要找出一些可以代替之前的动植物来作为食物短缺时的一种替代。在劳动中他们发现，有些植物具有定期生长出新植株的现象，还有一些被土壤掩埋起来的果实里的籽粒，经过一段时间之后，会自我生长出新的植株。于是他们开始思考，把收集到的野生小麦的种子留下，其中的一部分作为播种的实验品开始尝试自己播种。人类的生活模式就此发生改变，由不断迁移的狩猎模式，开始成为定居的农耕模式。

在不断的劳动中，人们通过观察、记录、思考、总结，创造出了二十四节气歌、谚语俗语等用以指导农业生产，形成了光辉灿烂的农耕文明。

（2）联系实际，今日的劳动生活与数千年前又有何不同？

明确：随着互联网的快速发展，现代农业开始进入智慧化时代。

设计思路：劳动对象与劳动模式的转变得益于人们在劳动中不断地观察、思考、探索和总结。在跨越时空的对比中，发现这种转变及其背后的原因，能够帮助学生更加深刻地领会到，我们现在的幸福生活是无数先辈们的劳动成果，从而树立起正确的劳动观，激发学生自觉继承与发扬热爱劳动、勇于创造的精神。

5. 名言引领，树立新时代劳动观

展示习近平总书记的经典语录，思考：新时期的我们，应当如何看待劳动呢？

中华民族是勤于劳动、善于创造的民族。正是因为劳动创造，我们拥有了历史的辉煌；也正是因为劳动创造，我们拥有了今天的成就。

全面建成小康社会，进而建成富强、民主、文明、和谐的社会主义现代化国家，根本上靠劳动、靠劳动者创造。

设计思路：为党育人、为国育才是教育的使命担当。出示习近平总书记的经典语句可以进一步强化学生对劳动的理解，为学生树立正确的劳动观指明方向。

七、布置作业，拓展深化

劳动推动着社会的发展、时代的进步，也塑造着人的思想品格。袁隆平等杰出劳动者的模范事迹，古代人民热烈的劳动场面，彰显了劳动的崇高与美丽；普通劳动者的辛勤汗水，手工匠人的高超技艺，体现出劳动的价值与意义。从下列话题中任选一个，结合课文具体内容，分组进行专题研讨。

话题1：劳动的崇高与美丽；

话题2：劳动的价值与意义；

话题3：无私奉献、锐意进取、勇于创造；

话题4：辛勤劳动、诚实劳动、创造性劳动。

【设计思路：这是课后的单元研习任务一。学完本课之后，学生对于劳动有了更多的思考和更深的认识，将单元研习任务分解到课文学习当中，既能通过任务强化课文所思所悟，又能减轻集中完成研习任务的负担。】

八、板 书 设 计

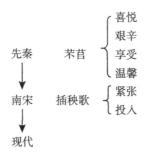

基于深度学习的散文单元教学设计研究

——以统编高中语文必修上册第七单元为例

张　曦　王茂华*

在倡导"核心素养"的新课改背景下，追求深度学习被认为是走向学科核心素养的重要路径。在"深度学习"理念下的散文单元教学设计能为散文单元教学由"浅层"走向"深度"的有效路径提供新的思考方向，促使学生学习从侧重"存量知识"的积累向注重"增量知识"的创造转变。以统编高中语文必修上册第七单元为例，运用深度学习实践模型（见图1）尝试进行教学设计。确定"赏自然之景，抒心中之情"单元学习主题，将教学目标聚焦在语言表达与审美创造两方面，围绕"情景交融下的写作训练"这一单元学习活动，设计了"反复阅读，咀嚼涵泳""再次阅读，披文入情""对比阅读，比较差异""情景交融，写作训练"四个课时段，循序渐进地展开教学活动，引导学生层层递进地完成学习任务，同时开展持续性评价。

一、确定单元学习主题：赏自然之景，抒心中之情

确立单元学习主题是基于深度学习的散文单元教学的第一步，应当体现语文学科工具性与人文性的本质特征，助力培养学生学科核心素养。郭华认为单元学习主题确立依据包括"新课标"、教材内容、核心素养的进阶发展以及学生实际

---

　　* 作者简介：张曦（1995—　），女，湖北红安人，武汉市红领巾学校语文教师；王茂华（1982—　），女，湖北黄冈人，黄州中学（高中部）语文高级教师。

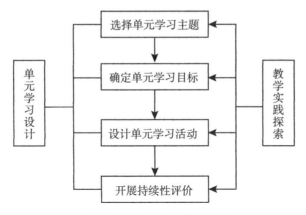

图1　深度学习的实践模型①

情况四个方面。② 综上，本文将第七单元的学习主题确定为"赏自然之景，抒心中之情"。

（一）分析"新课标"

上册第七单元隶属于"文学阅读与写作"任务群，该任务群还包括必修上册第一、三单元以及必修下册的第二、六单元，他们共同落实这一学习任务群的目标要求。依据"文学阅读与写作"任务群明确给出的四个学习目标与内容，可知该任务群的学习聚焦在语言表达、审美体验和文学创作三个方面，因此散文单元学习主题应该紧扣这三个方面，提升学生阅读鉴赏能力与创作表达能力。

（二）分析教材内容

上册第七单元以"自然情怀"为人文主题。围绕北京这一个城市的自然风光选取了《故都的秋》《荷塘月色》《我与地坛》三篇文章，郁达夫的"故都"、朱自清的"荷塘"、史铁生的"地坛"，共同呈现出北京多彩多姿、各具风韵的美；围绕古人写景记游选取了《赤壁赋》《登泰山记》两篇文章，前者是游览名

①　刘月霞、郭华：《深度学习：走向核心素养》，教育科学出版社2018年版，第72页。
②　刘月霞、郭华：《深度学习：走向核心素养》，教育科学出版社2018年版，第73页。

胜抒怀之作，后者是登临高山望远之叹，都是古代写景抒情的名篇。五篇文章从不同时期、不同角度展现了自然之美，并在描写的过程中融入了个人情感。文章语言优美，富于文采，贮满诗意，情景交融，能为提高学生语言表达能力提供学习支架。学生借助文本与作者对话，在作者笔触的带领下，展开丰富的联想和想象，通过心灵的远游遍赏远方的山水。教师教学古代散文时应着重关注散文技法，如教学《登泰山记》时，应让学生了解姚鼐作为"桐城派"集大成者，提出的文章写作八大要素"神理气味、格律声色"，这对文章阅读与理解不无助益。

（三）分析单元核心素养

语言建构与运用、思维发展与提升、审美鉴赏与创造、文化传承与理解是语文学科核心素养的四个方面。第七单元作为课堂教学内容的载体，是完成教育目标的凭借，单元的学习主题要符合核心素养的相关要求，统筹兼顾语言、思维、审美、文化四个方面的核心素养。在语言方面要求"理解欣赏作品的语言表达"①"逐步掌握祖国语言文字特点及其运用规律，形成个体语言经验，发展在具体语言情境中正确有效地运用祖国语言文字进行交流沟通的能力"②，充分体现语文学科的工具性。思维方面，学生在第七单元的学习过程中，通过经典研读、对比阅读建构框架，切实提升学生形象思维、辩证思维与逻辑思维的发展质量。譬如《赤壁赋》中"变与不变""取与不取"所蕴含的辩证思维过程和语言表达形式就是训练学生思维发展的有效载体。审美方面则要求学生通过欣赏散文作品，提高欣赏自然美的能力与鉴赏文学作品的能力，养成健康的审美情趣与鉴赏品位。至于文化方面，本单元散文蕴含着丰富的人文内涵，泰山象征着宏伟抱负和远大理想，赤壁代表了团结协作、勇于抗争的精神，泰山和赤壁已成为蕴含着象征意义的文化符号。学生学习这些散文名篇，对增强文化自信，培养文化认同感，传承与弘扬中华优秀传统文化具有重要意义。

---

① 中华人民共和国教育部：《普通高中语文课程标准（2017 年版 2020 年修订）》，人民教育出版社 2020 年版，第 17 页。

② 中华人民共和国教育部：《普通高中语文课程标准（2017 年版 2020 年修订）》，人民教育出版社 2020 年版，第 4 页。

（四）分析学情

高一年级学生，在初中阶段已学习过《春》《济南的冬天》《紫藤萝瀑布》《秋天的怀念》《三峡》《记承天寺夜游》等写景抒情散文篇目，具有初步的阅读经验。不过，初中阶段对学生的能力要求显然低于高中阶段。根据皮亚杰认知发展四阶段论，高中生处于形式运算中后期阶段，身心和思维不断发展，学会分析、综合和创新，实践能力进一步增强，具备深度学习的条件。所以在第七单元教学中，我们要考虑学生已有的知识经验，也要注重在此基础上，选取符合学生"最近发展区"的学习内容，进行学习能力层级的递进提升。

依据以上四个方面的分析，本文将第七单元的教学价值集中在语言表达、审美体验与文学创作三个方面。语言表达有两个层面的含义，一方面是学生理解欣赏作者如何用语言进行表达，另一方面是学生用语言来表达自己的阅读感受和见解，完成阅读和表达两个学习任务。审美体验是体会本单元作品的用词、句式等语言文字的美，以及调动个体的情感、想象等因素对不同风格作品进行体味和理解。文学创作是在审美体验的基础上，进行美的表达与创造。因此，将单元学习主题确定为"赏自然之景，抒心中之情"，"自然"是本单元的人文主题和五篇文章情感寄托的载体；"心中之情"是期望学生能够透过作者描写的自然景物看到内心深处的丰富情感。

二、设计单元教学目标：聚焦语言表达与审美创造

单元导语、学习提示、单元学习任务是统编语文教材助读系统中重要构成成分，在教学过程中，发挥着重要的指导和辅助作用。尤其是在备课环节，对确立单元教学目标更是起着不可或缺的作用。

（一）认识单元导语，把握单元学习目标

第七单元的单元导语分为三段，第一段揭示了本单元的人文主题为自然情怀，关注学生成长过程中不可忽视的精神需求，为学生的个体经验与社会生活实践之间建立一种有机的联系，激发学生学习本单元的兴趣，引导学生对自然之美

进行初步的思考与探究。第二段对本单元课文内容进行简要概括和梳理，点明课文情景交融的写作特色，有助于教师迅速把握单元选定文本的概况，找到单元教学的关联点，提高课堂教学的有效性。第三段提示了学习本单元的学习目标为体会民族审美心理，提升文学欣赏品位，培养对自然的热爱之情，以及如何达成目标的学习途径和学习重点。学习目标作为教师教学的"北斗"，教师在制定单元教学目标之前，要充分阅读这一段的内容，把握单元学习目标，落实单元学习的核心任务，避免教学目标制定走偏走空。

（二）利用学习提示，明确每课学习任务

每课正文后的学习提示是学生学习本篇课文的抓手，为学生提供阅读方法和学习策略，同时也为教师揭示教学目标和要点。例如，第七单元第十四课（《故都的秋》《荷塘月色》）的课后学习提示分别简要概括了两篇文章景物的特点以及情感基调，有利于学生对文章的把握，同时提醒学生在学习文章时需要思考哪些问题，最后示意要关注两篇文章的语言艺术，从用词、句式方面举例说明两篇课文的语言表达技巧有何区别。通过阅读学习提示，教师可以知道，学习这两篇文章要让学生多朗读，多体会，重点学习作者如何写景，又是如何将个人感情融入景物描写中。将每一篇课文的具体要求落实到位，既有利于达到"一课一得"的教学效果，又有利于单元教学目标的完成。因之，单元教学目标既要考虑对单元学习内容进行整体框架建构，又要在整体的框架上，纳入每篇课文的学习目标进行丰富和填充，这就需要教师充分利用好学习提示，明确每一课的学习任务。如果教师未正确运用这些学习提示，便易于陷入浅显思维的困境，最终成为教材内容的单向传达者。

（三）参考单元学习任务，明晰目标落实路径

单元教学目标作为单元学习宏观上的统领，最终需要通过单元学习任务予以具体化落实，两者之间相辅相成。如何将单元教学目标进行强化与落实，用好单元学习任务是关键，同时，单元学习任务也为教学目标的制定提供参考。第七单元学习任务一共设计了三个具体任务，简要概括为：①结合课文内容，欣赏作者眼中的美景，领略自然之美，丰富审美情趣；②从文章的写作特色出发，探寻民

族审美传统，领悟人生哲思；③根据阅读本单元散文作品获得的写景方法与体验，记录自然中的美好，创作一篇散文。① 可以看出，这三个任务，是从文本内容到写作手法，然后延伸至写作实践。它是一个层层递进的学习任务链，既符合学生学习心理认知，又有利于语文素养的提升。故而，在制定单元教学目标时，应参照单元学习任务，既要"瞻"单元导语之"前"，又要"顾"单元学习任务之"后"，且要考虑目标设置之进阶性。

单元教学目标的确定系单元学习主题、单元导语、学习提示以及单元学习任务统合的结晶。综上，拟将第七单元教学目标设计如下：

（1）了解散文有关文体知识，学会从语言、物象、情感等多个角度欣赏作品；通过反复朗读课文，品味文章的语言特色，能对文中精彩语句进行赏析和评点；积累文言实词、虚词、词类活用现象以及特殊句式等文言知识，感受文言文的整饬美和简约美。（语言建构与运用）

（2）分析作者观察、欣赏和表现自然景物的角度，重点学习作者如何写景，抓住景物的突出特点，表现景物之美；如何在写景中融入感情，把握情景交融、情理结合的写作手法。（语言建构与运用）

（3）体会民族审美心理、审美特点，以及"秋""赤壁""泰山"等物象背后的文化意义。（文化传承与理解）

（4）通过对比阅读，比较作者对景物描写及情感表达上的异同，体会作家不同的审美体验和人生思考，关联自己的生活经验，获得情感共鸣，丰富自己的人生体验。（思维发展与提升、审美鉴赏与创造）

（5）总结五篇文章的写作手法，了解散文创作的一般规律，创设写作情境，运用情景交融、情理结合的手法进行写作训练。（语言建构与运用）

三、设计单元学习活动：情景交融下的写作训练

在确定单元教学目标之后，对第七单元进行单元教学规划，计划教学课时为

---

① 中华人民共和国教育部：《普通高中教科书语文必修上册》，人民教育出版社 2019 年版，第 123 页。

10 课时，以一个核心任务进行统领，分为四个课时段进行，依次对四个部分的
教学过程进行详细阐释，如表 1 所示。

表 1　　　　　　　　　　　　单元课时安排计划表

单元核心任务	课时安排	学 习 任 务
生活在自然之中，你是否留心过身边的自然景物，生出不一样的感情？试用"情景交融"这一写作手法，写一篇不少于 800 字的散文	1~4 课时	反复阅读五篇课文，感受作品的文辞之美，结合作者的写作背景，初步体会作者表达的感情
	5~6 课时	再次阅读，根据梳理绘制课文结构思维导图
	7~8 课时	比较阅读，分析五篇文章的异同
	9~10 课时	结合"情景交融"这一写作手法，思考"你平时是否留意过身边的自然景物，可曾触发过你的某种情感"这一问题，进行情景写作

第 1~4 课时：反复阅读，咀嚼涵泳

教学目标：

（1）反复朗读课文，品味文中的语言，感受文本的语言特色；

（2）通过富有表现力的词语和优美的语句，找出景物的特点；

（3）梳理文中景物描写的相关语句，体会作者描绘的美景，了解借景抒情的
写作手法。

学习资源：

（1）本单元五篇课文。

（2）文章的写作背景及作者生平经历。

教学活动：

（1）正确、流畅地朗读课文，圈点勾画出疑难之处；

（2）通过反复朗读，找出你认为景物描写最精彩的语句或者段落，小组合作
展开交流讨论；

（3）拓展资料，了解作者的写作背景，品悟作者情感。

（注：本单元两篇文言文可先单篇着重讲解，疏通文义，掌握基本文言字词

知识，再与本单元其他文章一起进行整体教学）

设计意图：语言的积累与建构是"新课标"中课程目标的第一条，要求学生积累丰富的语言材料，抓住语言内在的本质规律进行迁移。五篇写景散文"诗意"般的语言，有利于学生积累良好的语言材料，提升学生的语言运用能力。反复朗读，对文章形成整体认知，有利于把握文章整体行文脉络，为绘制结构思路图奠定基础。

（4）根据学习评价量表（见表2），学生之间相互评价。

表2　　　　　　　　　　　　　学习评价量表

内容＼评级	一颗星	两颗星	三颗星
字词	不能准确认识易错字音	基本认识易错字音	准确认识易错字音
语句	不能准确找出景物描写语句，且不能赏析艺术手法（不能准确判断文言句式类型并且翻译）	能较为准确地找出景物描写语句，并做到艺术手法赏析正确（较为准确地判断文言句式类型，翻译基本正确）	能准确找出景物描写语句，并正确赏析艺术手法（准确判断特殊文言句式并翻译正确）
全文	不能正确、流利地朗读全文	基本正确、流利地朗读全文	正确、流利地朗读全文，并读出自己的感情

第5~6课时：再次阅读，披文入情

教学目标：

（1）再次阅读，通过小组合作探究，厘清文章结构脉络，感受作者情感变化过程，尝试绘制文章结构脉络图。

（2）掌握情景交融、情理结合的写作手法。

学习资源：

（1）本单元的五篇课文。

（2）《〈故都的秋〉之情感线索》（徐利）、《心绪起伏中的风景——〈荷塘月色〉的整体性解读》（王永祥）、《〈我与地坛〉课堂实录》（王岱）、《饮酒诵诗传真情——深入解读〈赤壁赋〉》（张朝晖）、《〈登泰山记〉新解》（董志斌、金琳）。

教学活动：

（1）教师以《故都的秋》为例进行示范，带领学生一起阅读课文，通过关键词句梳理作者行文思路并绘制文章脉络结构图。将学生分为四个小组，分别阅读本单元其他四篇文章，并督促学生动手尝试绘制结构图。

教师示范（见图2）：

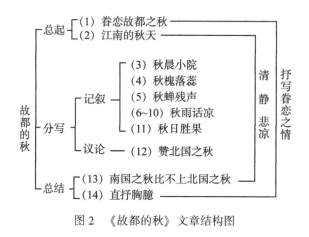

图 2　《故都的秋》文章结构图

预设（见图3至图6）：

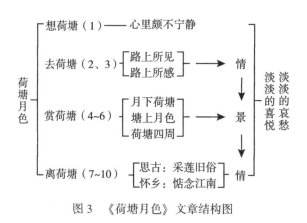

图 3　《荷塘月色》文章结构图

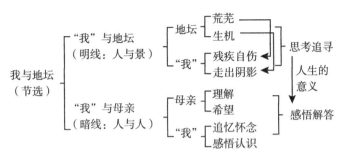

图 4 《我与地坛》文章结构图

图 5 《赤壁赋》文章结构图

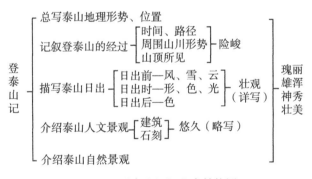

图 6 《登泰山记》文章结构图

设计意图：让学生绘制结构图，要求学生在对文章内容进行充分理解基础上，进行分析和概括，然后以一定的顺序进行展示，旨在培养学生的逻辑思维能力。

（2）老师提供相关学术论文资源，小组成员对照各自的结构图展开讨论，并对结构图进行补充和修改。

设计意图：培养学生自主查阅文献和独立分析思考的能力，在相互探讨中发展学生质疑和批判的精神，形成自己的见解，进一步加深对文章的整体把握。

（3）以小组为单位展示绘制的结构图，并进行理由阐述，参考评价量表对各组的结构图进行评价，评选出结构图绘制最佳小组（见表3）。

表3　　　　　　　　　　　　　结构图评价量表

评级 内容	一颗星	两颗星	三颗星
内容	不能准确体现课文的结构思路和突出中心	较为准确地体现课文的结构思路和突出中心	准确体现课文的结构思路和突出中心
画面	画面不简洁、不美观，无创意	画面比较简洁、美观，略有创意	画面简洁、美观，有创意
理由阐述	理由阐述不流畅、不充分、不清晰	有一定的条理，能较为清晰地阐述理由	条理清晰，从多角度进行论述，表述流畅

设计意图：学生对文章的理解与把握程度能够直接体现在绘制的结构图中。班级展示环节，有利于教师了解学生的学习情况及时予以纠偏，同时学生在交流过程中，不同观点的碰撞，有利于培养学生的问题意识，激发对事物的深度思考。

第7~8课时：对比阅读，比较差异

教学目标：

（1）再读课文，梳理课文选取景物、观察角度及描写内容和技巧的异同。

（2）分析文章的语言特色，把握不同的作者在各自文章中表达方式的独特性。

（3）在对比的过程中，体会不同作家的气质风格。

教学活动：

（1）结合文本，思考以下问题。

①郁达夫笔下悲凉的"秋味"为何具有别样的美？他说中国文人"与秋的关系特别深"，有什么道理？

②朱自清在文章最后写："这样想着，猛一抬头，不觉已是自己的门前；轻轻地推门进去，什么声息也没有，妻已睡熟好久了。"这话多余吗？为什么？

③地坛于史铁生而言是怎样的存在？文章在描写景物和往事追忆中穿插了许多富有哲理的语句，你是如何理解的？

④苏轼在文章开头与结尾的感情有何不同？

⑤姚鼐于何时登泰山，为何登山？

设计意图：本单元五篇课文在写景状物的同时也反映出作者不同的审美倾向和人生思考，然而，由于单元教学增加了课时容量，以及时间上的距离感加大了学生的理解难度，这五个问题为学生学习五篇课文提供了必要支架，以题目为突破口，引导学生积极思考、探究作者如何写景，如何在描写中融入自然情感。

（2）结合文章结构思路图及背景材料，思考同是五篇写景抒情的文章，在所选景物，写作手法，情感表达上有何不同？并完成表4。

表4　　　　　　　　　　　　学习任务单

内容 篇目	所选景物	景物特征/写景手法	语言风格	写作背景	作者情感/心态	"我"与景的关系
《故都的秋》						
《荷塘月色》						
《我与地坛》						
《赤壁赋》						
《登泰山记》						

设计意图：通过表格形式对比五篇散文，直观地表达出五篇文章在景物选取、写作手法、情感表达上的异同，形成关于本单元的整体知识结构，为之后独立鉴赏散文作品奠定基础。

（3）小组之间相互交流讨论，学生根据反思评价表进行自我反思评价（见表5）。

表5　　　　　　　　　　　　　　学习反思自评表

内容 ＼ 类别	困惑	思考	整体收获
景物描写			
写景手法			
行文结构			
情感表达			

设计意图：反思总结既有利于加深学生对本单元课文内容的记忆，内化知识，又在潜移默化中增强了学生对作者的情感理解。

第9~10课时：情景交融，写作训练

教学目标：

（1）探究写景抒情散文的写作要点，总结本单元文章的写法。

（2）尝试运用情景交融的手法，完成情境写作。

（3）反思写作，培养对自然的热爱，激发对生命的感悟与思考。

教学流程：

（1）情境创设任务一：对我们的校园（村庄或小区等），你也许已经非常熟悉了，但很可能其中还有你未曾留意的一小块天地；同一处景物，你也未必观察到它在不同时间的变化。以《我仿佛第一次走过＿＿＿＿》为题，写一篇散文。

情境创设任务二：四季更替是大自然的节律，每个季节都有它独有的特点。

"立春""立秋""夏至""冬至"，这些字眼都能引发很多遐想和回忆。选择一个节气，观察此时的景物和人们的活动，写一篇散文。

同学们选择其中任意一个任务，自拟题目，结合自身经历说说理由。

（2）教师梳理散文写作注意事项，让学生寻找灵感的触发点——物象，从不同的角度进行观察、思考等。同时，带领学生回顾文章精彩段落，加深学生对要点的理解。

（3）课堂写作训练。

（4）对照作文评价量表（见表6），小组之间相互评阅，选出优秀作文进行赏析。

表6   作文评价量表

评级\内容	一颗星	两颗星	三颗星
字迹	字迹欠工整、辨识困难	字迹比较工整	字迹工整、美观
语言	语句基本通顺流畅，基本用完整的句子表达出自己的意思，缺乏艺术手法	语句较为通顺流畅，能用完整的句子表达出自己的意思，会用艺术手法，描述较生动	语句通顺流畅，能用完整的句子表达出自己的意思，用艺术手法进行生动细致地描述
内容	缺乏情感，中心不明确	有情感，中心基本明确	感情真挚、中心突出

设计意图：写景抒情是本单元五篇散文的突出特点之一，五位作者分别借所写之景来表达心中之情，既有对自然景物的描写，亦有对人生处世的思考，对学生如何应对生活中遇到的各种问题具有重要的启示作用；同时，深度学习倡导学生需要在真实情境中获得学习体验，因此以当下的校园生活为背景进行情景写作训练，不仅使学生留心生活，学会从不同角度观察身边事物，提升对自然美的感悟力，同时将心中感受以恰当的方式表达出来，也能培养他们的表达能力。

语文视点

初中语文学习任务群的内涵、价值及实施策略

田端阳　邓　军[*]

近年来，学习任务群成为一项广受关注的话题，许多专家学者、一线教师都进行了相关探索。《义务教育语文课程标准（2022年版）》（以下简称"新课标"）指出，语文学习任务群由相互关联的系列学习任务组成，共同指向学生的核心素养发展，具有情境性、实践性、综合性。[①] 语文学习任务群既是课程呈现内容，又是课程组织形式。语文学习任务群强调问题导向与任务驱动，围绕特定学习主题，确定相互关联的语文实践活动，让学生通过完成系列任务解决实际问题，在生活实践中综合运用语文。阐明语文学习任务群的内涵和意义，厘清语文学习任务群的实施策略，是当前语文教育教学领域的重要课题。

一、初中语文学习任务群的独特内涵

初中"语文学习任务群"综合考虑教材内容和学生情况，设计不同类型的学习任务，依托学习任务整合学习情境、学习内容、学习方法和学习资源，安排连贯的语文实践活动；注重语文与生活的结合以及听说读写的内在联系，追求多层次发展的综合效应。[②] "语文学习任务群"从语文的本位和学生的实际出发，创设丰富多样的学习情境，设计问题导向的学习任务，引导学生完成一系列语文实

---

* 作者简介：田端阳（1988— ），女，湖北丹江口人，黄冈市东坡小学语文教师；邓军（1986— ），男，湖北荆门人，黄冈师范学院文学院讲师。

① 中华人民共和国教育部：《义务教育语文课程标准（2022年版）》，人民教育出版社2022年版，第19页。

② 中华人民共和国教育部：《义务教育语文课程标准（2022年版）》，人民教育出版社2022年版，第45页。

践活动，从而实现语文核心素养的提升。它充分体现了语文的本位性、学生的主体性、任务的实践性和活动的综合性。

（一）锚定"语文"，体现本位性

什么叫语文？语就是口头语言，文就是书面语言；把口头语言和书面语言连在一起说，就叫语文。① 语文是口头语言和书面语言的统一体，是学习祖国语言文字运用的学科，是人类文化的重要组成部分。其本体是"语文"，核心是"语言"，本质是"文化"。语文的性质是综合性与实践性，基本特点是工具性与人文性的统一。"语文学习任务"是专指语文学科的，要符合语文课程和教学的本位要求。语言建构与运用是语文学科独特的课程素养，也是其他要素的基础。只有这一项是唯一或主要属于语文的。② 由此可见，语言学习是语文教学的根本，语文学习活动是以"语言建构与运用"为核心的语言实践活动。当语文课程回归充满情感和富有生机的真实母语语文生活时，教师和学生面对着现实的语文实践活动，不禁产生真切的体验和感受。③ 所以，语文教学必须符合语文课程的特质，在真实的任务驱动下、在现实的语文实践中，通过"识字与写字""阅读与鉴赏""表达与交流""梳理与探究"这四项语文活动，让学生在文化自信、语言运用、思维能力、审美创造四个方面都获得发展，从而获得语文核心素养。

（二）突出"学习"，体现主体性

什么是学习？子曰："学而时习之，不亦说乎？"意为："学了，然后按一定的时间去实习它，不也高兴吗？"④ 学，即观察、模仿、识记；习，即实习、演习、实践。知识本身无所谓有用或无用，只有去用了才有用，它的作用在于解决实际问题。人只有努力"学"了且认真"习"了，才能真正获得知识、技能、价值观等，才能让知识真正发挥作用，这才是值得高兴的事情。知识学习的主体

---

① 叶圣陶：《语文随笔》，中华书局 2007 年版，第 2 页。

② 《语文建设》编辑部：《语文学习任务群的"是"与"非"——北京师范大学王宁教授访谈》，载《语文建设》2019 年第 1 期。

③ 管贤强、毋小勇：《学习任务群：回归语言实践特质的课程内容重构》，载《语文建设》2018 年第 10 期。

④ 杨伯峻：《论语译注》，中华书局 2006 年版，第 1 页。

是学生，是学生在学习语文，学习的效果怎样是看学生的表现如何。"语文学习任务群"以生为本，突出学生的主体地位和作用，重视学生的经历和经验，强调学生的语言实践能力。① "语文学习任务"主要面向学生的学习，而不是教师的讲授。这就从关注教师的"教"到注重学生的"学"，凸显学生的自主性、主动性、能动性。语文教学的落脚点是学生的学习。没有学生真正地学习、参与、体验、感悟，"学习任务群"就缺少主体、缺乏生机和活力，"任务群"再宏大再美好也难以发挥其价值。所以，"语文学习任务群"必须根据学生的身心特点来设计学习任务和实践活动，激发学生的学习兴趣，保护学生的好奇心、求知欲，鼓励学生自主阅读、自由表达、个性体悟。

（三）聚焦"任务"，体现实践性

任务，是指人在日常生活、学习、工作中担任的有目的性和指向性的事务。基于语文学习的"任务"，指的是学生为达成语文教学目标而在多样的语境或情境中开展的言语实践活动。学生在"做任务"的实践活动中一定会遇到问题，开展活动、完成任务的过程就是不断解决问题的过程，所以做任务必须着眼于解决问题，构成一个完整的实践过程。而解决问题、完成任务都离不开创设情境，包括个人体验情境、社会生活情境和学科认知情境。创设情境，不只是为了激发兴趣，更是为了给"活动"的展开提供背景、条件与氛围；这种情境或者语境，对学生的学习"活动"而言，必须是真实的，是能和他们的生活经验贴近，并能促进深度学习的。② 设置情境，引起学生联想、启发思考，在情境中解决一个个的问题，完成一个个的任务，从而使学习活动顺利展开，使教学目标有效达成。"情境""问题""任务""活动"是教学内容的具体化，四者相辅相成、密不可分，实现了从学知识到实习运用的转化，体现了语文课程的实践性、实用性。

（四）强调"群"，体现综合性

群，指成群的、众多的人、事或物聚在一起，相互联系、共同发力。"任务

---

① 汪潮：《关于"语文学习任务群"含义和特点的解读》，载《语文教学通讯》2022年第9期。

② 温儒敏：《统编高中语文教材的特色与使用建议——在统编高中语文教材国家级培训班的讲话》，载《课程·教材·教法》2019年第10期。

群"以任务驱动的方式开展语文学习活动，强调的是学习任务的综合性、关联性、互动性。几个小任务组成大任务，几个大任务组成学习任务群，体现了课程知识结构的紧密性和实施活动的完整性。① 它以自主、合作、探究性学习为主要学习方式，既注重语文学科听、说、读、写的融合与联动，也注重将言语训练引向综合实践，凸显学生学习语文的根本途径。同时，"任务群"呼唤大单元教学，倡导单元整体设计的理念，将"识字与写字""阅读与鉴赏""表达与交流""梳理与探究"这四项语文活动有机整合、一体化实施，实现群文本、多主题、跨媒介之间的要素融合和教学统整，促进语文学习回归其综合性、整合性的本质。另外，"任务群"还沟通了课内学习与课外实践，满足了不同学生的个性需求。学生可以根据自己的兴趣和能力，利用丰富多样的学习资源来完成探究任务。

二、初中语文学习任务群的鲜明价值

新课标明确指出，设计语文学习任务群要"以生活为基础，以语文实践活动为主线，以学习主题为引领，以学习任务为载体，整理学习内容、情境、方法和资源等要素"②。从这四项设计原则不难看出，语文学习任务群蕴含着三大价值。

(一) 强化学生主体，更能调动学习能动性

语文教学的对象是学生，语文学习的主体是学生，教学目标的落脚点是学生，教学质量的高低还是在于学生。只有想办法让学生"忙起来"，才有所谓的教学效果。如果学生缺乏兴趣，不想动，不愿说和写，那么再宏大的课程也只会被束之高阁。同时，语文即生活，生活即语文。语文学习是一个循序渐进的过程，对于一个人来说无止无境。因此，语文教学的根本任务在于激发学生语文学习兴趣，调动学生听说读写的能动性，引导学生主动学习，积极建构，不断反思。而语文学习任务群这一组织形式意在强化学生主体，转变学习方式，从接受

---

① 李功连：《基于深度学习的语文学习任务群建构》，载《语文建设》2022年第3期。
② 中华人民共和国教育部：《义务教育语文课程标准（2022年版）》，人民教育出版社2022年版，第2页。

封闭的、理想化的知识、技能，转向在具体语言运用情境中去完成任务。① 这样可以激发学生的内生动力，积极参与语文实践活动，不断体验、进步、收获。

语文学习任务群积极倡导自主、合作、探究的学习方式，还可以最大限度地调动学生主观能动性。凡称"任务"者，一般都具有主体性与主动性特征。语文学习任务是学生自己职责范围内的事务，不是被他人所迫，主动参与、乐于探究、勤于动手是做任务的必备品质。在个人读写的基础上，学生分小组讨论、探究，再合在一起交流、商议。学生运用自己的智慧，寻找有效的方法，采取得体的形式，实现在做中学，在学中思，在思中行。没有主动学习，就没有深度学习。当然，教师不是无所作为，而是组织者、引导者、启发者。在学习任务群实施过程中，教师需要有更准确的语言、更严密的思维、更高尚的情趣、更深刻的思想。这样才能引导学生走向深度阅读和写作，通过主动积累和积极实践来获得知识，提升能力，积淀品质。

（二）立足学习主题，更能整合语文教学资源

新课标明确指出："设计语文学习任务，要围绕特定学习主题，确定具体内在逻辑关联的语文实践活动。"特定学习主题是组织学习任务的中心，因为只有以主题为中心，才能打破传统的单篇课文或单元的束缚；而且唯有立足主题，各种不同的任务才能归为"群"。② 学习任务群并不都是多篇教学，而是根据任务来选择相应的资源。教学资源是为教学有效开展提供的环境、素材和条件，包括课文、卡片、图片、影视、课件、案例、网络、场馆等。在主题明确、目标得当的前提下，资源选择得好，任务安排得好，口语交际、阅读、写作自然会有深度。由于教学资源是根据学习主题、中心任务来选择的，这些资源之间一定要有互相促进的关系，能促进学生思考，使其产生问题意识，进而激发其更深层的思考。

比如"实用性阅读与交流"学习任务群要紧扣"实用性"的特点，围绕

---

① 于忠海：《基于课标文本的"语文学习任务群"解读》，载《语文建设》2023年第19期。

② 于忠海：《基于课标文本的"语文学习任务群"解读》，载《语文建设》2023年第19期。

"拥抱大千世界""数字时代的生活""家乡文化探究"等主题，开展识字写字、阅读写作、口语交际、搜集处理信息等活动。充分利用数字资源和信息化平台，完成朗读、游戏、表演、演讲、情景对话、现场报道等任务，引导学生关注社会，增强语言表达的准确性、规范性，提高语言理解与运用能力。这样，就将实用性文本进行资源整合，使多种教学资源融为一体，让实用文的学习更加系统化。在以往实用文教学中，往往会设计专项教学，也就是将口语、阅读、写作等分开进行专项训练。这或许可以提升某一项能力，但不能促进学生能力的全面发展。而在"实用性阅读与交流"学习任务群中，就能很好整合学习资源，将阅读、表达、搜集筛选信息能力进行统整，更利于学生核心素养的整体发展。

(三) 坚持问题导向，更能彰显语文的生活价值

人们的语言表达和沟通交流脱离不了生活。生活是语文的源泉，语文的外延与生活的范围基本一致。"生活即语文，语文即生活"这句话强调了语文和生活之间的紧密联系。在生活中学习语文、运用语文，才能更好地理解和表达情感、思想和观点。因此，语文教学应让学生投身于真实的生活情境中，致力于解决生活中的问题，在生活实践中不断提升语文素养。学习任务借用的是社会生活话语。学习任务是为满足生活的需要，活动过程中，其行为主体、所从事的内容、所达成的目标融为一体。① 语文学习任务群借助一定方式使学习活动生活化、任务化，有利于解决情境化问题，将一般语文认知活动变成语言实践活动。如果给一项单纯的语文学习活动赋予"生活任务"色彩，便可以使语文学习部分地回归社会生活，从而更加彰显语文的生活价值。如"背诵、抄写古诗词"这一学习活动，可以转化为学习任务：抄写一首诗词并附带祝福语送给家人作礼物，从而解决"如何为家人准备个性化礼物"的问题。又如学习活动"写作文《我们的学校》"，可以转化为"给多年前毕业的校友介绍现在的校园"这一学习任务，从而解决"我怎样为校庆日出份力"的问题。如此，由认知训练转为问题导向，让语文教学活起来，让学生动起来，可以达成学习的根本目的——满足社会生活实践的需要。

---

① 郑桂华：《义务教育语文学习任务群的价值、结构与实施》，载《课程·教材·教法》2022 年第 8 期。

时代在变化，社会在发展，新的问题出现。随着技术化、市场化、信息化进程的加快，人们的生活方式、生活体验、价值观发生着变化。理性主义、科学主义使人们面临价值、情感、信仰等方面的危机，市场原则、网络技术对社会公正、伦理规范、精神生活等产生了强烈的冲击和挤压。① 语文课程具有工具性和人文性，对于促进人们沟通交流、丰富精神家园具有重要作用。语文课程学习中，要想提高阅读、表达质量，学生要有问题意识。学生有了问题，才会思考；思考后才能完成任务，才能走到运用上；走到运用上才会有积累，才能将所学转化成自身内在的东西。② "学而时习之"，"学"且"习"了，方为学习。感受、理解、质疑、探究、创造、运用，在解决问题的过程中，才会迸发出创新思维的火花，应对社会生活中新的困惑和问题。以问题为导向，以任务为驱动，让学习不再只是为了掌握、积累知识，而是转化为社会实践，实现社会参与、生活运用。

三、初中语文学习任务群的实施策略

初中语文教材的单元设计一般围绕某个人文主题和一定的语文要素展开，使单元内容构成一个有机整体，为语文学习任务群的实施提供了可能。语文学习任务群呼唤大单元教学或单元整体教学，其基本要素包括教学目标、课时、活动、问题、任务和评价等。教师应重点在单元教学目标、教学内容、教学评价上下功夫，推进"教学评一体化"的实施。

（一）提炼大概念，确定单元教学目标

新课标要求"基于核心素养发展要求，遴选重要观念、主题内容和基础知识，设计课程内容，增强内容与育人目标的联系"。③ 这里的"重要观念"可理解为大观念或大概念。大单元教学是以单元为学习单位，依据课程标准，聚焦核

---

① 丰子义：《现代性：危机中的重建》，载《当代中国价值观研究》2016 年第 2 期。

② 《语文建设》编辑部：《语文学习任务群的"是"与"非"——北京师范大学王宁教授访谈》，载《语文建设》2019 年第 1 期。

③ 中华人民共和国教育部：《义务教育语文课程标准（2022 年版）》，人民教育出版社2022 年版，第 3 页。

心素养，围绕大概念，对学习任务进行整体设计、逐步实施与系统评价的教学过程。以七年级下册第三单元为例。本单元包括《阿长与〈山海经〉》《老王》《台阶》《卖油翁》四篇课文和"抓住细节"写作板块。单元人文主题为："小人物"身上闪现人品的光辉。比如遭受不幸却宽厚善良的长妈妈，生活贫苦而老实友善的老王，上了年纪但勤劳坚韧的"父亲"。单元语文要素是"从标题、详略安排、角度选择等方面把握文章重点，从特别之处发现关键语句，感受文章意蕴"。比如《阿长与〈山海经〉》详细描写了"长毛"的故事，叙述了阿长赠"我"山海经一事，有助于更好地塑造阿长的形象，表达对长妈妈的敬佩和感激之情。

通过对单元助读系统、课文及版块内容的分析，可以将单元的大概念提炼为：从细节描写和关键语句中感受"小人物"品格的光辉。单元教学目标的确定，需要聚焦核心素养，围绕单元大概念，遵循可操作性和可检测性的原则进行。由此，可以将单元整体教学目标确定为：（1）抓住细节描写，把握"小人物"的形象特征；（2）品味关键语句，感受"小人物"的光辉品格；（3）掌握塑造人物手法，会写生活中的故事。这三个目标既有"阅读与鉴赏"方面的，又有"表达与交流"方面的，且涵盖了语文核心素养的四个方面。单元目标整合了单元文本、学习提示与拓展性资料，整体指向语文核心素养达成，使得教师在教学中有的放矢。

（二）创设生活情境，设计适切的学习任务

温儒敏主张创设真实情境实现兴趣激发和氛围营造，精心设计和组织教学活动和任务，最终实现深度学习的教学变革。① 所谓"真实"，指的是这种语境对学生而言是真实的，是他们的现在和今后生活中会遇到的，能启发他们联想和思考，从而在这个过程中获得核心素养。是不是以学生为主体，有没有学生学习的真实情境，这是衡量学习任务群实施是否到位的首要标准。在七年级下册第三单元教学中，我们可以创设如下情境：照片诉说光阴的故事，记录奋斗的痕迹。在庆祝劳动节之际，为了弘扬爱岗敬业、勤奋务实的劳动精神，学校微信公众号拟推出"照片里的劳动故事"劳动节主题推送，现面向全校学生征集照片及人物故事。请以《照片里的故事》为题写一篇文章参加投稿。这一生活情境，既有利于

---

① 温儒敏：《统编高中语文教材的特色与使用建议》，载《语文学习》2019 年第 9 期。

激发学生兴趣，又可以视作一个学习任务，在单元整体教学中实施。

语文学习任务群还是一种课堂教学，还是不能脱离四项语文活动——识字与写字、阅读与鉴赏、表达与交流、梳理与探究，不过更加强调学生主体和情境任务，把学生被动地听讲变成主动地做任务。为了达成单元目标，我们需要设计切实可行、逐步落实的学习任务。依托教材文本，合理安排教学进度，逐步实施合作品析阿长与老王的形象特征、自主探究"父亲"与卖炭翁的品质、书写照片里的故事三个学习任务（见表1），引导学生在阅读、探究、写作等活动中学习并掌握大概念。

表1   单元整体学习任务框架

大概念：从细节描写和关键语句中感受"小人物"品格的光辉			
学习任务	学习内容	主要学习活动	课时
合作探究阿长与老王的人物形象及其意蕴	阅读《阿长与〈山海经〉》	（1）通读课文，了解文章详写和略写了什么；（2）明确阿长是个什么样的人；（3）勾画并朗读"我"对阿长情感态度的语句；（4）依据"我"对阿长情感态度的变化，梳理文章结构；（5）全面把握阿长的人物形象，理解作者对阿长的复杂感情。（6）探究作者为何写阿长这样一个人；（7）品析"伟大的神力"有何含义	3
	阅读《老王》	（1）从介绍老王、片段回忆、重点回忆三方面，梳理全文结构；（2）梳理作者的感情线索；（3）探究文章详写"老王来送香油鸡蛋"这部分内容的作用；（4）思考在互为对方的眼中，老王和作者是个怎样的人；（5）从文章的结尾句，感受文章的意蕴	2
自主品读"父亲"与卖炭翁的形象特征	阅读《台阶》	（1）自读课文，把握小说情节；（2）抓住细节描写，品析人物形象；（3）思考"九级台阶"完成后父亲的情绪变化及其原因；（4）寻找关键语句，体会"台阶"的含义，把握小说主题	2
	阅读《卖油翁》	（1）理解文言句意，把握故事内容；（2）揣摩语言描写，把握卖油翁的心理和人物形象；（3）体会卖油翁言行中的大智慧	1

学习任务	学习内容	主要学习活动	课时
独立书写照片里的人物故事	写一篇作文《照片里的故事》	（1）重点就细节描写和表现情感方面，修改旧作；（2）小练笔：对照片上的细节作生动具体的描写；（3）理清逻辑，把作文补充完整	2
	修改作文	（1）评讲、修改、展示作文；（2）根据格式要求，向学校微信公众号投稿	1

单元教学从整体出发，统筹安排，通过一两篇课文的讲读，带动单元中其他课文的自读，以点带面，以起到举一反三的作用。① 以上三个学习任务相互关联，纵横交错，有序实施，共同指向单元大概念的学习与运用。若干小任务组成大任务，若干大任务组成学习任务群，学习任务群指向语文核心素养，体现学习任务的综合性和实践性。

（三）制定评价量表，检测目标达成度

教学任务"指"向哪里，教学活动就"走"进哪里，教学评价也就"跟"到哪里。② 语文学习任务群教学效果如何？单元学习任务是否完成？是否达成单元目标？这就需要由教学评价来检验。新课标在"课堂教学评价建议"部分提出："在小组合作、汇报展示过程中，教师应提前设计评价量表、告知评价标准，引导学生合理使用评价工具，形成评价结果。"③ 评价量表是评判学生核心素养的工具，也是启发性的学习支架。这就需要教师制定标准明晰的评价量表，让学生明确学习任务做到何种程度才是好的，并且据此开展自我评价和相互评价。例如七年级下册第三单元的第三个学习任务中，教师提前将评价量表设计好发给学生，学生依据评价内容和评价标准来评价并调整自己的学习活动（见表2）。

---

① 郑国民、孙宁宁：《语文单元教学的反思》，载《学科教育》2002年第5期。
② 邓军：《立足应用写作的"实用性阅读与交流"任务群教学——以五年级下册第三单元为例》，载《语文建设》2023年第4期。
③ 中华人民共和国教育部：《义务教育语文课程标准（2022年版）》，人民教育出版社2022年版，第3页。

表2 《照片里的故事》作文评价量表

评价内容	评价标准	评价分数
思想立意（10分）	（1）突出爱岗敬业、勤奋务实的劳动精神（4分）	
	（2）写出人物形象特点，表现人物光辉的品格（4分）	
	（3）有时代文化意义（2分）	
选材布局（20分）	（1）选材紧扣主题和表达的需要（8分）	
	（2）详略安排得当，主次分明（8分）	
	（3）开头、结尾有表达文章意蕴的语句（4分）	
细节描写（20分）	（1）细致刻画人物的外貌、语言、心理、动作、神态等（8分）	
	（2）运用环境描写和侧面描写表现人物形象（6分）	
	（3）运用比喻、夸张、典故、对比等手法，使得细节描写真实、典型、生动（6分）	
评价总分		

上述评价量表聚焦思想立意、选材布局与细节描写三项写作技巧，对学生的作文进行评价，以此检测单元第三个教学目标的达成度。基于"教学评一体化"的单元教学评价注重自我评价、同学互评、教师评价、其他人员评价等多种评价主体相结合，更关注学生的学习状态、过程和成效。诸如上述评价量表的教学评价与单元学习任务同步施行，及时了解学生的即时反馈，调整学习活动思路，纠正不当学习现象，促进学习任务群的顺利实施。三个学习任务需要三个评价量表，三个量表综合在一起，从而整体检测单元教学目标的达成度。

论《秋天的怀念》的多元教育价值

吴双喜①

宋胜杰曾说过："文学的阅读过程是一种生命影响另一种生命的过程，是一种生命形态影响另一种生命形态的过程。"《秋天的怀念》作为一篇优美的回忆性散文，无论是平静内敛的语调，深挚动人的情感，还是直抵人心的细节，催人泪下的形象，都值得去学习。不仅如此，文本里面浓烈的生命意识、感人的亲情观念，贴近时代的主题，契合学生的成长需求，更值得去深入探究。

一、生命至上的宣告

生命教育观念的首个提倡者是美国著名学者杰·唐纳·华德士，为了使人们认识到生命教育的重要性，他创作了《生命教育》一书，书中的教育思想在他创办的阿南达学校中得以践行。20世纪70年代，"生命教育中心"成立，这对生命教育在世界范围的传播具有里程碑式的意义。随后，生命教育这股热潮席卷欧洲的许多国家，他们纷纷开展相应的课程建设以促进生命教育的实行。近几年来，生命教育在我国越来越受到广泛的重视，越来越多的学校开设生命教育课。

当前我们正处于快节奏的时代，受社会风气和家庭环境的影响，学生群体也开始出现抑郁、焦虑等方面的问题，不少学生遇到事情，自己难以承受和解决，往往容易出现极端行为，令人惋惜。《秋天的怀念》里面浓郁直白的生命意识和在起始年级得天独厚的编排位置，正好可以作为生命教育的范本加以利用。我们完全可以发挥语文强大的育人功能，在教学当中渗透生命宝贵的意识，潜移默化

---

①　作者简介：吴双喜（1989—　），男，湖北浠水人，黄冈师范学院文学院2022级硕士研究生。

中去影响我们的教育对象。

作家余华曾说："'活着'这个词在中国的语言中充满了力量，这种力量不是来自于喊叫，也不是来自于进攻，而是来自于忍受，忍受生命赋予我们的责任，忍受现实的苦难与幸福。"《秋天的怀念》一文当中出现两次"好好儿活"，一次是在文章第一自然段结尾处，母亲扑过来抓住我的手，忍住哭声说："咱娘儿俩在一块，好好儿活，好好儿活……"这带着哭腔的重复的话语，很难不刺激着作者内心深处柔软的部分，留下难以磨灭的刻痕。此处我们在教学当中，可以设置问题引导学生去体会。比如说：听到母亲的话语，作者当时是怎样的感受？他的内心会有波动吗？想象一下。稍加思考，有的同学可能会回答：人非草木，孰能无情。作者当时可能沉溺于自己双腿瘫痪的绝望中难以自拔，并没有意识到母亲对他的希冀。一旦作者回过神来，必然会有所触动。所以我们看到文章结尾另一处好好活是怎么表述的：我懂得母亲没有说完的话。妹妹也懂。我们俩在一块儿，要好好儿活……同样，可以在此处引导学生自由发言，谈谈自己的理解。要知道在这个世界上，没有比我懂了更简洁更有力量的字眼。一句我懂了不正是作者在告诉所有人他明白了生命的意义和价值。他在回应母亲，在告慰母亲。课本配的插图中微笑的史铁生就是对生命至上最好的诠释。换个角度来想，好好活正是生命教育所追求的终极目标，所要达到的最佳效果。

二、亲情和谐的呼唤

亲情，是人世间最普遍、最美好的情感之一。《秋天的怀念》所处的第二单元，从不同的角度抒写了亲人之间真挚动人的感情。阅读这些课文，可以加深我们对亲情的感受和理解，丰富自己的情感体验。

《秋天的怀念》一文作为史铁生发自肺腑之作，里面所展现出来的亲情内涵令人动容、震颤，更值得思考、探究。我想面对自己孩子的残疾，世间没有一位母亲不耿耿于怀，恨不得自己能够代替孩子遭这份罪。文本中面对孩子的暴怒无常，面对孩子突然砸碎面前的玻璃，面对孩子猛地把手边的东西摔向四周的墙壁，母亲就"悄悄躲出去""偷偷地听着我的动静"；当一切恢复沉寂，她"又悄悄地进来，眼边儿红红的"。我们通过设置问题的方式带领学生走进具体的文本，近距离去感受这位伟大的母亲。为什么母亲的动作是"悄悄""偷偷"的？为什么母亲的神情是"红红"的？引导学生不断地去追问，我们会发现母亲的一颗心全部扑到了孩子身上，全部的神经聚焦到孩子身上。多么的小心翼翼，多么的如履薄冰。要知道那时的母亲并不是一个健康的躯体，而是肝癌晚期，常疼得整夜整夜睡不着觉，这种疼痛没有经历的人是很难想象的。还要咬咬牙鼓励儿子坚强起来，珍惜生命。

通过史铁生的生平我们了解到，在绚丽多彩的青春年华遭遇生命的不幸，双腿瘫痪，这对一个年轻人来讲是多么沉重的打击。此时的史铁生脾气变得阴郁无比、暴怒无常、痛苦绝望甚至要轻生。任何的人遇到这种情形，怎会没有怨言了，但这位伟大的母亲用超乎寻常的细心、浑然忘我的耐心、无比煎熬的痛心来承受和包容了孩子的一切。这种表现归根溯源正是源于母爱！在中国式家庭伦理下母爱是不证自明的：既然母亲生下子女，施予他们生命，母亲必定是爱子女的，这一点毋庸置疑；既然母亲养育子女长大成人，供他们读书受教，张罗他们的婚姻，甚至帮他们培育下一代，母亲必定是爱子女的，这一点更是不可置疑。①

对于母亲的爱，史铁生又是怎么回应的。文章结尾有句话，"又是秋天，妹妹推我去北海看了菊花。黄色的花淡雅，白色的花高洁，紫红色的花热烈而深沉，泼泼洒洒，秋风中正开得烂漫"史铁生是用行动来回应，因为母亲喜欢花。他用看花这种方式来怀念母亲，睹物思人，而"淡雅""高洁""深沉""烂漫"正是母亲精神品格的象征。史铁生更用坚强乐观好好活着的态度来回应母亲生前最大的期盼。但母亲已经远去，等醒悟过来，早已是物是人非，阴阳两隔。字里行间留有遗憾和悔恨。现如今，通过不少新闻媒体的报道和学生习作的了解，笔者发现亲情问题正面临着不小的压力和挑战，甚至有的学生和家人之间无法沟通，势同水火。初中生正是"三观"形成的关键时期，充分挖掘和体味《秋天的怀念》一文中亲情互动的方式，引导学生结合自己的生活经历，探讨交流在生活中如何处理与家人之间的关系，如何解决处理出现的矛盾和摩擦，如何构建一种和谐的家庭关系。笔者认为，亲情关系的构建需要双向奔赴，不能总是一方单

---

① 梁卫星：《母爱是难的——我如何讲〈秋天的怀念〉》，载《语文教学与研究·教研天地》2015 年第 10 期。

纯地付出，另一方心安理得地接受。总之，通过走进文本，走近作者，在课堂中让学生充分参与讨论能够激发学生强烈的共鸣。关照他人，是为了更好地成就自己。所以不仅要让学生学会爱，更要勇敢表达爱。

三、语言运用的精彩

王荣生教授指出："散文的教学目标之一是学生能够从一篇美文里看出它的语言运用精彩之处，包括词汇运用、句子、语段、标点等。"① 散文作为一种文学体裁，具有很强的抒情性。作者可以通过对人物、景色、事物的描写和叙述，抒发自己的情感和感悟。散文中的抒情语言往往细腻、真挚，能够触动读者的心灵，让读者感受到作者内心的喜怒哀乐和情感波动。通过赏析散文语言，能够促进学生对文体美的感受，加深其情感体验，提高学生的文化品位和审美情趣。

《秋天的怀念》作为文质兼美的散文，语言的特色是非常鲜明的。其中文本里叠词的使用类型丰富。如表1所示。

表1

叠词类型	文 本 内 容
AA 型	常常、走走、看看
ABAB 型	望着望着、听着听着、大口大口、刷拉刷拉、整宿整宿、准备准备
AABB 型	絮絮叨叨、泼泼洒洒
AAB 型	偷偷地、悄悄地、红红的
AABC 型	好好儿活

这些叠词既有写我的，也有写母亲的，还有形容景物的。通过对这些叠词的赏析，能更好地帮助学生感受人物形象，体会文章情感。比如说："望着望着""听着听着"这两个叠词呈现了"我"的一种状态，但紧随其后话锋一转，我的行为非常暴躁。这里有一种强烈的反差，更能凸显出人物内心的痛苦和绝望。也

---

① 王荣生：《散文教学教什么》，华东师范大学出版社2014年版，第164页。

为后面母亲的出场作了铺垫。反复咀嚼之后发现既朴实自然又独具匠心。"偷偷地""悄悄地""红红的""走走""看看""絮絮叨叨"这一连串的叠词，细腻、清晰、立体地呈现了母亲把我爱到骨子里。"常常""大口大口"平静叙述的背后，是作者耿耿于怀的悔恨。"刷刷啦啦""泼泼洒洒"这两个形容景物的叠词形成强烈的反差，正是作者内心转变，感悟生命真谛的折射。通过进一步的分析，不难发现，《秋天的怀念》一文中叠词的使用贯穿全文，这些叠词就像一个个的纽带，使文章感人肺腑、催人泪下。学生完全可以通过对这些叠词的分析和模仿，应用到自己的写作当中，提升自己写作表达的真挚。

四、美读浸心的滋润

随着教育改革的不断深入，《义务教育语文课程标准（2022 年版）》对语文教学中的朗读环节提出了更为全面和具体的要求，旨在通过朗读这一基本而重要的教学手段，促进学生语言能力的全面发展，增强其对文本的感悟能力和审美情趣。如何将多元的教育价值落地生根，朗读是行之有效的方法。

老师可以利用部编本七年级语文上册一二单元的文本扎实教授朗读的技巧，训练朗读方法。让学生明白什么是重音、停连，怎么控制语气、语速。例如《秋天的怀念》一文中，教师可以根据文章内容的变化，适时调整语调的轻重缓急。在描述母亲的形象和动作时，语调可以稍微提高，以突出母亲的慈爱和关怀；在表达作者的自责和悔恨时，语调可以稍微沉重一些，以传递出内心的愧疚和遗憾。在朗读一些关键词语时，如"悄悄地""偷偷地"等，可以适当延长发音时间，以强调母亲对作者的关爱和谨慎态度。在读到"她憔悴的脸上现出央求般的神色"这样的句子时可以适当加强重音以突出母亲的坚强和作者的愧疚之情。整体语调应保持柔和、亲切，以体现出作者对母亲的深情回忆。朗读的形式上，可以采用赏读、美读、演读。《秋天的怀念》一文中人物对话不少，请学生分角色朗读，能加深对人物的感受和理解，调动自己的情感体验。也可以在读的时候，选择与文章情感相符的背景音乐作为伴奏以营造更加浓厚的情感氛围。但要注意确保背景音乐不会掩盖朗读声音且能够衬托出朗读的情感表达，让学生直观感受作者的情感。

　　《秋天的怀念》作为初中语文教材中的经典篇目，常读常新。这篇有着极高造诣的散文佳作，其中的教育价值，无论怎样去探索挖掘，总能从文字的背后找到你的精神家园，咀嚼出独有的人生况味。

教学反思

教坛务实事　耕种满田畴

——语文教学的这些事儿

沈　燕[*]

语文教学最大的两件事，就是阅读和写作，这已是共识。但问题的关键是读什么、怎么读、写什么、怎么写，我的教学实践试图在这些方面找一些路径，作一些探索。读什么？读必修的课本自不必说，这是语文学习的首要任务和根本任务，但囿于必修课本的阅读显然是不足、不够的。为此，语文阅读必须开疆拓土，但开疆拓土得有方向、有边界、有路径，不能因为语文学习的处延很大，就大而无边，大而不当。

对标新的《高中语文课程标准》，我引导学生三读。

一是读人民教育出版社编修的与必修课本配套的读本。读本由于其课程性质和定位，在选文、思考和练习等方面甚至比课本更自由、实用。实际上，读本中选了很多文质兼美，足以以之立德树人的好文章，是对课本的很好的丰富和补充，是课本的遗漏之珠，只可惜很多老师舍近求远，对读本的阅读教学重视不够，视若可有可无、形同虚设的存在。我引导学生读读本上的文言文《李贺小传》《与吴质书》《报任安书》《登楼赋》，现代文《枪口下的人格》《清塘河韵》《一朵午荷》等，把读本上的文章读光、读尽，不辜负人民教育出版社编辑和专家学者的一片苦心，也算是贯彻党的教育方针，对教育的一片忠诚与恪守。

二是读传统文化的经典。如《论语》《大学》《中庸》《古文观止》《老子》《庄子》《菜根谭》《中华古诗词》等。《高中语文课程标准》提炼出语文学科的核心素养为：（1）语言建构与运用；（2）思维发展与提升；（3）审美鉴赏与创

　＊作者简介：沈燕（1981—　），女，湖北黄梅人，黄梅县第一中学语文高级教师，黄冈师范学院文学院兼职硕士生导师。

造；（4）文化传承与理解。引导学生读传统文化的经典是达成"文化传承与理解"素养的有效途径，是继承和弘扬中华优秀传统文化、增加文化自信的行动自觉。

三是读文学名著。如我引导学生读四大名著《三国演义》《水浒传》《红楼梦》《西游记》等。《高中语文课程标准》在"课程内容"之学习任务群的"学习目标与内容"中也有规定："在指定范围内选择阅读一部长篇小说。"名著往往是鸿篇巨制，其情节结构、人物关系、主旨等往往复杂多元，学生于此探赜索隐、提要钩玄，自然能发展与提升思维品质，提高审美鉴赏与创造能力。

怎么读？温儒敏教授在"2020未名语文教育论坛"主旨报告中就"统编语文教材怎么用？阅读书目怎么选？"等24个问题回答中小学师生的疑问时提到：要教会学生熟练使用精读、略读、猜读、跳读等多种读书方法。而我在实际的教学中引导的主要是精读法。

所谓"精读"就是深入细致的阅读，要求"字求其训，句索其旨"。正如《高中语文课程标准》中指出的那样："读小说时，做到通读全书，整体把握其思想内容和艺术特点。从最使自己感动的故事、人物、场景、语言等方面入手，反复阅读品味、深入探究，欣赏语言表达的精彩之处，梳理小说的感人场景乃至整体的艺术架构，理清人物关系，感受、欣赏人物形象，探究人物的精神世界，体会小说的主旨，研究小说的艺术价值。"读学术著作时能做到"通读全书，勾画圈点，梳理全书大纲及其关联，做出全书内容提要；把握书中重要观点和作品的价值取向。阅读与本书相关的资料，了解本书的学术思想与学术价值，探究本书的语言特点和论述逻辑"。

精读必须做到目标、方向精准。有精确的阅读任务群，防止老师做"撒手掌柜"的懒教行为。如我在安排学生阅读《论语》时，就事先列出了《论语》中的君子之道，《论语》中的"学"与"习"，《论语》中的"知"与"行"，《论语》中的"文"与"质"，《论语》中的"仁"与"义"，《论语》中的"仁"与"礼"，《论语》中的"信"与"友"，《论语》中的"师"与"生"等十多个话题，作为阅读的导引和方向。在安排学生阅读四大名著时，就事先列出了"典型人物分析、小说主题归纳"等具体任务和目标。

精读必须做到过程精到、深入。而要做到过程精到、深入，"致广大而尽精微"，老师的阅读方法和路径指导就必须具体而微、好懂管用，防止"隔靴搔痒"。比如我在指导学生概括小说的情节时，引导学生弄清楚情节的内涵：情节就是艺术作品中事情以及人物感情发生、发展有因果关系的几个节点。"有因果关系"是其本质特征，人物感情是随着事情的变化而变化的。情节是一个整体，几个节点之间有机统一，分析时尤其要关注起始和终结时的两个节点，因为它们的性质往往暗示了主题。在引导分析人物形象（性格）时，引导学生弄清楚"人物性格"的内涵：人物性格，就是艺术作品中的人物在一定的情景中，对人（包括自己）、对事的行动中所体现出的价值观及内在禀赋。有了此法则，则学生在分析人物形象时，就会分层分类，多而不乱。"在一定的情景中"容易为学生所忽略，而这恰恰是凸显人物形象（性格），让人物增色、与众不同的重点之所在。在引导学生提炼小说的主题时，引导学生弄清楚作家表达主题的一般路径——由具象到抽象，因此概括、提炼作品中具象所承载的抽象以及作家对此的价值判定就成为概括小说主题的不二法门。

精读的成果必须要有精彩。精彩就是读透了作品与作者，读出了自己，而且不同的读者，其阅读的感受也各不相同，呈现出鲜明的个性色彩。不同的阅读成果交流互鉴，也就异彩纷呈，蔚为大观了。

写什么？一般来说，语文教学中的作文写作对象（内容）有三个：一是课本中的人和物（读后感）；二是学生自己亲身经历的社会生活；三是学生自己亲身经历的当下的社会生活。在实际的教学中，我着重引导学生写对课本中的人和物的感受（读后感）。课本中的许多人物，或爱国敬业，或公平正义，或诚信友善，或自强不息……他们身上所闪烁出的人性光辉，正是需要我们学生高山仰止、见贤思齐的地方，重温经典，致敬英雄，正是立德树人，融入社会主义核心价值观教育，引导学生认识社会、认识自我、培育精神家园的最好载体。观照他人以写出大我。

怎么写？传统的做法是写整篇作文，写整篇当然无可厚非，但整篇是由一个个构件和元素搭就的。没有一个个完备的构建是不可能搭就整篇作文的。为此，我选择"一个点地写，凝练地写，文雅地写，随意地写"作为突破点来各个击破，步步为营。如写作文的标题和阅读课文后写对联就是很实用的两个写"点"，写出来的文字看似简单，实则要求颇高：既要有对文章内容、主旨等的精准、深入的把握，又要有高度凝练、文雅的表达。浓缩的都是精华。少数学有余力、才情富赡的学生，超出大纲、独标高格，写一些古诗词以自适也未尝不可。读也可以多读闲书，写也可以多写闲文，我手写我心，岂不乐乎？

而要顺利无碍地完成从容阅读与写作的任务，就必须熟稔属文的文——文字。文字是文章的材料，是思维的外壳。对它的性能不熟悉，如何读懂文章，写出美文？为此，我在教学中也特别注重引导学生积累、梳理语言材料。正如《高中语文课程标准》之"学科核心素养"的"语言建构与运用"部分指出的那样："指导学生在丰富的语言实践中，通过主动的积累、梳理与整合，逐步掌握祖国语言文字特点及其运用规律，形成个体言语经验，发展在具体语言情境中正确有效地运用祖国语言文字进行交流沟通的能力。"为此，我引导学生广泛搜集整理如成语、谦敬词、文言实虚词，并熟记于心，夯实读与写的基础。

语文是学生的精神家园，语文老师是学生精神家园的引领者、筑就者，引领学生走进一个宏大的、优美的、养正的精神家园，帮学生筑就一个丰富的、充实的、诗意栖居的、瞩望远方的精神家园，是语文老师之责，也是语文老师之幸之荣。区区的语文高考之分数不足以称量语文教学的隐性价值。如果让学生喜欢上语文，在生活中会用语文，进而热爱我们的母语，热爱我们的文化，则语文老师善莫大焉。

遇　见

——《短文两篇》教学反思

吴双喜①

《短文两篇》是部编版初中语文教材七年级下册第四单元两篇文言短文。本单元所选取的文章，从不同角度展现了中华美德以及时代对这些美德的呼唤。

《陋室铭》是唐朝诗人刘禹锡的一篇铭文，以"陋室"为背景，抒发了作者对清贫生活的理解和追求。这篇铭文语言简练、意境深远，展现了刘禹锡独特的人生观和价值观。在文学史上，《陋室铭》以其深刻的思想内涵和独特的艺术风格被广为传颂。通过教授《陋室铭》，我们可以帮助学生理解真正的幸福并非来自物质的堆砌，而是源于内心的富足和精神的充实。此外，这篇文章还可以作为教授学生修辞手法和句式结构的范例，提高学生的写作能力和文学素养。

《爱莲说》是北宋哲学家周敦颐的传世佳作，文章托物言志，借"莲"这一形象来抒发自己不慕名利、洁身自好的高尚情操。在文学上，这篇文章以其独特的艺术手法和深刻的哲理内涵赢得了广泛的赞誉。通过教授《爱莲说》，我们可以引导学生欣赏文言文的优美，理解作者的高尚品质，并进而培养学生的审美情趣和道德情操。同时，这篇文章也可以作为提高学生文言文阅读能力和文学素养的优质教材。

在教学意义上，这两篇文章都具有丰富的教育价值。它们不仅可以帮助学生学习文言文知识，提高阅读和写作能力，还可以引导学生深入理解中华优秀传统文化的精髓，培养他们的审美情趣和道德情操。同时，这两篇文章所蕴含的人生哲理和价值取向也可以为学生树立正确的世界观、人生观和价值观提供

---

① 作者简介：吴双喜（1989—　），男，湖北浠水人，黄冈师范学院文学院 2022 级硕士研究生。

有益的启示。

《义务教育语文课程标准》（2022年版）在文学阅读与创意表达任务群中提出："重视古代诗文的诵读积累，感受文学作品语言、形象、情感等方面的独特魅力和思想内涵，提升审美能力和审美品味。"① 余映潮老师曾说："在语文教育中，不注重积累，学生的语文仓库就会贫瘠，学生的语文泉流就会干涸。"基于此，本次教学设计的核心目标是引导学生学会积累词汇、积累语句、积累章法，最后感受人物的精神品质、价值追求。

一、教学过程反思

1. 教学目标的确定与效果

在教学目标的确立上，本课通过分类汇编的方式积累重要文言词汇，创设情景，变式训练，积累并学用重点句式，直接把积累语言材料作为第一层面的教学目标。以续编课后习题为突破口，以自编课后习题为拓展点，完成词汇的积累。课后习题中"之"字的用法是常见的18个文言虚词之一，也是文言文教学的难点。用法非常多，平常也经常出现，但学习不牢固的学生很容易混淆，基础扎实的学生有时也容易出错。通过这样的方式，能够系统性整理"之"的用法，比如"何陋之有"（宾语前置的标志）；"水陆草木之花"（结构助词——的）；"予独爱莲之出淤泥而不染"（用在主谓之间，取消句子的独立性）；"无丝竹之乱耳"（调节音节，无实意）。便于学生更好地积累并掌握这一文言知识。这一目标的设定比较具体、实在。完成"之"字的整理后，顺势引导学生寻找两篇课文里面的词类活用、重点实词、词义相近的词语，自编习题，写在课本"积累拓展"处。学生积累之后，能减轻后面学习文言文的压力。

2. 内容选择与呈现

在教学内容的选择上，本节课一改传统的单篇教学方式，没有把教学时间和

---

① 中华人民共和国教育部：《义务教育语文课程标准（2022年版）》，北京师范大学出版社2022年版，第28页。

教学精力放在主题挖掘、语言品味、写作探究上面，而是将《陋室铭》和《爱莲说》进行联读，以发现两篇的相同之处为纽带，打通两篇文章之间的障碍。从题目入手，让学生读出停顿。学生快速发现题目的相似之处，在《陋室铭》和《爱莲说》处停顿，题目中蕴含文体。出示《陋室铭》和《爱莲说》的介绍，学生积累文体知识。以检查预习的方式，让学生齐读两篇课文，纠正读音，强调节奏，体悟情感。结合注释，自主疏通文意，集中时间突破一词多义、词类活用、重要实词等文言知识，积累词汇。抓住两篇文章里面的经典句式，创设情境，让学生反复进行变式训练。并结合生活场景，利用教室现有的物品，模仿课文手法造句子、仿写段落。积累语句。师生接力读，引导学生关注文章的结构。师生对话，对文本内容进行细读，发现文章精彩的手法，积累比兴、类比、衬托等表现手法。出示作者介绍和背景知识，感悟文人的精神品质、道德追求，积累精神财富。

在呈现方式上，本课注重利用多种教学手段，如学生齐读、教师范读、师生共读、播放视频、出示图片等，以丰富多样的形式展示文章重要内容和特色，充分调动学生的积极性，激发学生的学习兴趣。

3. 学生互动与参与

本课设计了多个学习任务，如创编习题、讨论交流、角色扮演、尝试创作、师生共读等，以激发学生的参与热情。在实际教学中，我发现学生对给出的问题兴趣浓厚，讨论热烈，表达欲望强烈。

4. 思维引导与启发

在探究文章的结构层次时，我通过师生共读的方式，引导学生关注老师停顿的地方，引导学生思考原因。通过对比发现，两篇文章在结构上极其相似，都是先引出事物，再进行描述，最后抒发志向。这种谋篇布局的方法正是托物言志文章的常用方式。

5. 情境创设与引导

创设好的学习情境是激发学生学习兴趣、求知欲和探究性的有效方法。通过回顾上学期的课文，建立学生新旧知识之间的联系，让学生从心里降低对文言文学习的畏惧感。在积累句式的板块，我利用学生喜欢看穿越剧的特点，创设刘禹锡和周敦颐穿越到现代的情景。他们迷上了手机，喜欢发朋友圈。刘禹锡和周敦颐会发什么图片，配什么文字。他们相遇了，加上了好友，会怎么自夸和互捧。让学生发挥联想和想象，畅所欲言。再设定框架，用书上的文字表述。

二、教学效果评估

本次教学，明显感觉整个课堂有了生气，以往教授古诗文，往往气氛沉闷，在目标的设定方面，习惯追求面面俱到，生怕有所遗漏。整个课堂当中，也是老师讲解得多，学生忙于记笔记，被动接受。一堂课下来，学生笔记满满，但检测的效果却十分糟糕。刚讲解的内容，没有多大印象。目标虽然全面，但落实很少；内容虽然丰富，但吸收不好。手法虽然多样，但兴趣不大。这次对《短文两篇》的教学设计，借鉴名家的优秀案例，成熟做法，大胆取舍，目标直接定位在积累上面，解决学生学习文言文的痛点，降低学习的期望值，依托课后习题的资源，鼓励学生自己挖掘文本里面的相同点、重要点。内容方面，创设穿越相遇的情景，让学生化身作者，有很强的体验感和代入感。

三、改进与展望

1. 提高学情关注度

初一的孩子虽然对文言文并不陌生，但完整表达自己思想的能力比较欠缺。尤其是部分学生平常积累过少，所以对文言文的学习一直有畏难情绪。在具体的教学过程中，教师应提供相应的句式，降低学生说话的难度。基础扎实的学生，能很好地利用课后习题的范例及时去搜集课本的同类词语，归纳整理到一块。基础薄弱的学生，可谓是一无所知，无法落实任务。所以任何教学目标的设定，教学内容的选择都应该建立在教授对象的基础之上，否则只能是无用功。

2. 优化教学内容与方法

在未来的教学中，我将进一步优化教学内容和方法，选择更加贴近学生实际、能够激发学生情感共鸣的教学材料。同时，我将更加注重教学方法的创新和多样化，以激发学生的学习兴趣和积极性。注重教学内容与教学环节层次性的问题，由浅入深，层层递进，搭建学习支架，结合学情设置适合学生的问题链，通过问题去引导学生，从而实现教学内容的完美呈现，提高教学效率。

3. 加强师生互动与引导

加强与学生的互动和引导，鼓励学生积极参与课堂讨论和交流，培养他们的合作精神和探究能力。课堂当中，学生学得好不好，学得有没有兴趣，离不开老师的因势利导，相机教授。本课当中，当学生表现出对刘禹锡和周敦颐穿越到现代的浓厚兴趣时，及时设置具体问题，放手让学生讨论，教师参与讨论，并发表自己的看法。师生之间的探讨和谐自然，教师成为学习的参与者，而不是说教者。

4. 重视诗词诵读与品读

"感人心者，莫先乎情，莫始乎言。"文言作品由于时代的久远性和经典性，非常适合作为诵读的文本，学生反复读，既能增强自身的语言感知能力，又能在诵读过程中感受作者的人格魅力，浸润心灵。在本次教学中，读的活动有所减少，除了学生齐读和师生共读，没有设置读的环节。在今后的教学中，要多带领和鼓励学生进行诵读。第一，加强诵读技巧的指导：教授学生如何控制语速、调节音量、运用停顿等技巧，使他们能够更加生动地表达词中的情感。第二，结合音乐伴奏：选择适合的音乐作为诵读的背景，增强诵读的艺术感染力，帮助学生更好地融入作品的氛围。第三，重视诵读的层次性，在教学中采用"四读法"：初读、朗读、互读、品读。通过不同阶段的朗读，使情感与技巧相互融通，相辅相成，在进步中促进学生审美能力的生长。

5. 拓展教学资源与平台

《义务教育语文课程标准（2022 年版）》中指出："积极利用网络资源平台

拓展学习空间，丰富学习资源，整合多种媒介的学习内容，提供多层面、多角度的阅读、表达和交流的机会，促进师生在语文学习中的多元互动。"① 在教学本课时，合理运用信息技术可以提高教学效果，增强学生的学习体验。通过多媒体课件展示与课文所写内容相关的图片，帮助学生进入教学情境，同时展现学生需要思考的问题，激发学生的想象力。如播放《陋室铭》学生仿写作品的视频，让学生欣赏同龄学生优秀的同时，激发自己创作的欲望。

结　　语

本节课通过遇见将《陋室铭》和《爱莲说》关联在一起，开启一场发现之旅。发现了题目里面的文体，发现了重要词汇，发现了经典句式，发现了独特的表现手法，发现了作者的人格风范。更是通过联读的形式，遇见了更好的自己，让自己尝试新的教学方式，跳出固化的古文教学模式。路漫漫其修远兮，吾将上下而求索。在以后的教学中，我将坚持立足于学情，以教学目标为导向，以务实的内容为基础，以切合文章特质的方式为支撑，不断激发学生的学习热情，以课堂为阵地，与学生共同成长。

---

① 中华人民共和国教育部：《义务教育语文课程标准（2022 年版）》，北京师范大学出版社 2022 年版，第 46 页。

作文指要

微型文章写作指导之管见

陈佳敏*

关于微型文章，学界一向见仁见智，众说纷纭，聚讼不已，莫衷一是。著名的语文教育学专家、博士生导师杨道麟先生认为，如果从文章学的视野来观照，它应属于普通文章（记叙文、说明文、议论文等）和专业文章（新闻文、应用文、学术文等）以及变体文章（纪传文、科普文、杂感文等）这个大家族中的一员，其写作"不受时空的限制，大至宇宙万物、天上人间，小至芥末之微、内心隐幽，微至毛细血管、基本粒子，皆可见诸笔端"。① 这与文学作品（诗歌、小说、戏剧等）的写作主要通过虚拟的故事、想象的情节、营构的场景等来含蓄地表达意蕴是有所不同的。基于此，笔者试图从微型文章写作的基本特点、微型文章写作的实践策略、微型文章写作的蝴蝶效应等三个方面依次予以具体阐述。

一、微型文章写作的基本特点

微型文章既可以写成五脏俱全的"小文"，也可以写成随性涂鸦的"短章"。对于它的写作指导，只是暂时放弃那些系统化、序列化、结构化的整体追求，而着力于建立局部的、小型的、机动的实践训练体系。按照这一特点的呈现，可以分解为三个层面。

基金项目：中央高校基本科研业务费专项资金课题"经典文章教育的美学观照"（编号：CCNU15A06030）；国家社会科学基金教育学重点课题"中小学语文教育改革研究"（编号：AHA120009）子课题"语文教育观研究"。

* 作者简介：陈佳敏，女，四川乐山人，碧差汶皇家大学教育学院硕士研究生。

① 杨道麟：《试论经典散文的美学特征》，载《中国文学研究》2011年第4期。

（一）单一而集中的指向

微型文章写作要基于学生的某一困境设计出单一而集中的目标。在写作教学中，我经常要求学生进行三类微型文章的写作，即记叙类、说明类、议论类。记叙类的微型文章写作是以记载人物、叙写事件、描述景物等为特定对象来展现人物风貌、再现事件始末、呈现景物状态的，指导时可在交代的完整性、凸显的具体性、勾勒的鲜活性等方面用功。说明类的微型文章写作是以解说实物、知悉自然、讲明事理等为特定对象来了解客观实情、分析因果关系、揭示内在规律的，指导时可在阐释的客观性、探寻的精准性、行文的平实性等方面着力。议论类的微型文章写作是以证实通理、阐发情理、道出哲理等为特定对象来传达某种观点、表明某种意见、提出某种主张的，指导时可在论说的针对性、剖释的深刻性、分析的透彻性等方面使劲。① 这种写作训练指向既单一又集中，容易达成较好的效果。

（二）新颖而精巧的内容

微型文章写作重在激发学生的兴奋点，拉近心理距离，并帮助他们快速找到新颖而精巧的内容。在写作教学中，笔者一般这样要求学生：其一，利用节日，移情练笔。比如适逢母亲节，可以建议他们给母亲做一件实事，表达对母亲的挚爱之情；中秋节将至，可以建议他们搜集有关资料，知晓节日习俗，写出自己的畅想。其二，关注时事，个性评论。例如在两会期间，可以提醒他们关注会议中的热点，了解会议中的动态，并针对自己最感兴趣的话题谈谈相关看法。其三，巧借情景，即兴创作。比如上写作课时恰遇降雪，可以更改教学内容，让他们观察雪景，并学习景物描写；适逢学校拔河比赛，可以让他们积极参与，并学习场景描写。这种留心生活，撷取身边事件的微型文章写作，因学生所选择的内容既新颖又精巧，能让他们快速找到写作的突破口，从而顺利地进入良好的写作状态之中。

---

① 杨道麟：《语文教育美学研究》，中国出版集团现代教育出版社 2011 年版，第 104～108 页。

（三）自由而灵动的形式

微型文章写作最大的特点是自由而灵动。思维自由而灵动，或穿越古今或纵横四野；选材自由而灵动，或反映现实或展望未来；表达自由而灵动，或客观准确或明快流畅。比如学习了《邹忌讽齐王纳谏》之后，笔者要求学生"寻找联系"，并就文中所提供的信息进行"多向辐射"，即由齐威王继而联想到唐太宗（相似）、周厉王（相反）以及向历代各王进谏的众多臣子（相关）等而写作；学习了《"班门弄斧"辩》之后，启发学生予以"多路出击"：既可以根据某些人不知天高地厚并一概否定权威的思想，由"班门不可弄斧"为题而写作；也可以针对某些人过于迷信权威，由"班门何妨弄斧""班门要敢于弄斧"为题而写作；还可以根据只有在权威门前才能学到真实本领，由"弄斧就要去班门"为题而写作……①这样的写作训练，能让学生不再被诸多"定势"所拘囿，因而深受他们的欢迎。

二、微型文章写作的实践策略

微型文章写作指导已充分证明，通过开展多种多样的训练形式，进一步营造浓厚的训练氛围，对于提高学生的表达能力具有事半功倍的收效。其实践策略大致包括自由式微型文章写作训练、模仿式微型文章写作训练、扩展式微型文章写作训练等几个要项：

（一）自由式微型文章写作训练

自由式微型文章写作训练，是指教师让学生约定一个时间既对内容不限制也对形式不管束的自由自在的写作方式。这种训练策略，就是要求学生完全释放自由的天性，能写随笔或日记以及读后感，是大有可为的。

对于学生的随笔或日记微型文章写作，笔者通常是有所要求的：少则一两百

---

① 杨道麟：《写作主体内化世界的运动机制——发散思维浅论》，载《河南师范大学学报（哲学社会科学版）》1994年第1期。

字，多则三四百字；题材也很宽泛，可以是记录当天有感而发的一件事，也可以是阅读后的一点体会。以任教的七年级为例，让学生每日必写随笔或日记，只要求不少于200字即可。最初他们的随笔或日记大多是"流水账"式，即将一件事从开始写到结束，既没有思考，也毫无感悟。在这种情形下，讲评时采用示范引路、当面指导等方式，学生的随笔或日记渐渐地出现改观，事件的叙述中开始有了自己的一些思考和感悟。有一学生在随笔或日记中这样写道："面对自己不喜欢的人、事、物，我们为什么不可以选择拒绝呢？一位正风光着的人物，如果不情愿，你可以敬而远之；一件很出风头的事情，如果不感兴趣，你可以退避三舍；一本异常火爆的书籍，如果不喜欢，你可以束之高阁。拒绝，是一个有硬度、有韧性、有鲜明色彩的词。"虽然有些稚嫩，但可喜的是，学生已经开始在随笔或日记中表达自己的思想了。除此而外，笔者还要求学生每月完成一部名著的阅读，并写下读后感。有一学生在阅读《海蒂》时写道："我不禁开始幻想起来：我坐在阿鲁姆干暖的土地上。被一群蓝色吊钟草簇拥着，它们摇摆着。那些小黄花们闪耀着金光，红色的条纹芍药在怒放，蓝壶桃色的花萼上飘出幽香，一切都是那么可爱，美好。"另一学生在阅读《老人与海》后写道："本书叙述了一个老渔夫与命运搏斗的故事……文中突出表现了一个老人顽强不屈的个性，即使遭受失败，人也不能够失去自己的尊严。抬起头，挺起胸，与命运作不屈的斗争，总有一天，胜利会向你招手。尤其令我感到震撼的不是老人输在鲨鱼的尖利的牙齿下，而是老人面对失败那毫不沮丧的气度！海明威曾说过，人只能被消灭，不能被打败。是啊，在遇到生命不公平对待的时候，誓不低头，向生命挑战，这便是生活的强者！"

这种自由式微型文章写作训练，可以是随笔或日记，也可以是读后感。这样以学生有感而发的一件事或者是阅读后的一点体会而写就的微型文章，都是他们的一种亲身的真实经历的深刻体验，一种内心欢愉的自然流淌，一种"真"的感悟、"善"的领会以及"美"的分享，因而一定会受到学生的衷心拥护的。

（二）模仿式微型文章写作训练

模仿式微型文章写作训练，是指教师让学生或模仿句子或模仿片段或模仿整篇等几种方式逐步展开而从中获得收益的方法。这种训练策略，主要是通过典范的"例子"① 中的语言的效仿而生成自己的语言。

对于模仿式微型文章写作训练,可以从遣词造句的训练做起,再上升到对修辞运用、写作角度、写作手法、材料组织、写作意图等的训练。笔者通常有一个训练学生的语言的习惯,就是在每学完一篇课文后,必定会让他们从中挑选三四个最好用的词语进行模仿造句。造句可以单词成句,也可多词成段,这对他们的逻辑思维训练很有益。遣词造句的训练还可以模仿写句。比如在学完《散步》之后,笔者与学生一起找到该文对称句比较多的语言特点。如"母亲要走大路,大路平顺;我的儿子要走小路,小路有意思。""我的母亲虽然高大,然而很瘦,自然不算重;儿子虽然很胖,毕竟幼小,自然也轻。"于是要求学生模仿写作:"成功的花朵,开放在勤劳的枝头之上,失败的_____,_____。春夏秋冬,汇成岁月之河;酸甜苦辣,_____。"让学生根据前半句的提示写出对称的后半句,在模仿写作中体会对称的句子互相映衬,颇有情趣的特质。模仿式微型文章写作训练,除了遣词造句的训练之外,还可以借鉴课文中的写作手法,让学生学以致用。比如,在学完《贝壳》后,笔者让学生模仿其中的托物言志的写法。这篇短文的作者善于观察生活,能够从平常的事物中发现生命的意义,表明自己的志向。于是要求学生仿照课文的写法,任选一个日常事物,认真观察、体会,写出它带给自己的启示。有一学生这样写道:"昙花酝酿了一生,倾尽毕生心血,在一个万籁俱寂的深夜,或者一个凄风苦雨的夜晚,在人们熟睡之际,百花沉寂之时,悄然绽放。那种美丽,那种光辉,不亚于牡丹的雍容,不亚于玫瑰的妖娆,世人为之震撼。昙花就这样在夜里孤芳自赏,悄悄从人们的梦乡走过,不留痕迹,不留余地。这瞬间美丽铸就了永恒。"

这种模仿式微型文章写作训练,让学生的语言训练有"章"可循,有"矩"可依,有"迹"可查,正所谓"处处留心皆文章,立根原在课文中。"这样的微型文章写作训练渗透在教学之中,如春风化雨,打开了学生的心灵之门;似润物无声,催开了学生的生命之花,让学生的语言表达能力得到了切实的提升。

(三) 扩展式微型文章写作训练

扩展式微型文章写作训练,是指教师让学生通过不断增加词汇连词成句,连

---

① 叶圣陶:《叶圣陶语文教育论集》,教育科学出版社 1980 年版,第 154~158 页。

句成段，连段成章，并在整篇中出现较为和谐的景象，从而获得准确而清新的感觉。这种训练策略，是值得我们教师引导学生予以加强的。

　　笔者曾以《我跟妈妈学做蛋糕》为题，要求学生这样写："今天，我在家里干了一件有趣的事，跟妈妈学做蛋糕。"一句话交代得清楚明白，显得异常简单。这时，教师应让学生进行扩展式微型文章写作训练。首先，教师要求学生简单描写一下"今天"的天气，可以这样写："今天，阳光灿烂"，也可以这样写："今天，天灰蒙蒙的"，还可以这样写："今天，雨淅淅沥沥地下"……，总之，教师要鼓励学生把今天的天气描写出来，为下一步打下基础。接着，教师让学生描述一下"我"的状态，可以是"无聊的我"，可以是"无所事事的我"，可以是"刚起床的我"，可以是"饿着肚子的我"……总之，教师一定要让学生充分发挥，在此基础上，教师可以进行适当的指点。再接着扩展"我"在家里的状态，"躺在沙发上看电视""躺在床上看手机""在家里转来转去"……最后我们来看看经学生简单扩展后的句子："今天，雨淅淅沥沥地一直下，无所事事的我只好躺在沙发上玩手机，妈妈叫我做一件有趣的事，就是跟她学做蛋糕。"这样一来，是不是表达得越来越完整了？那么，接下来又应该如何训练学生呢？作为教师，要让学生知道，一篇微型文章，要使它生动起来，就要在句子中适当使用修辞手法。仍以上面经学生简单扩展后的句子为例，给它添加上比喻句，看看扩展后的效果。"今天，雨淅淅沥沥地一直下着，像小孩子在闹脾气，看来是一时半会停不下来了。无所事事的我像一条虫子一样蜷在沙发上，玩着手机，一动也不动。妈妈劝我跟她一起干一件有趣的事——学着做蛋糕，我想了好一会，终于答应了她。"这已经是一段完整而又生动的微型文章的雏形了，如将它扩展到600~800字，还要一步一步地增加内容。学界周知，学生的写作主要是考查他们的叙事能力，同时可穿插描写、议论、抒情、说明等表达方式，并在表达方式中运用一定的修辞手法。倘若学生能在一篇微型文章的习作中，融合了以上的"要点"，又何愁不生动形象呢？

　　这种扩展式微型文章写作训练，能够促进学生既"乐学"又"善学"。一篇叙事为主的微型文章，如果按题目要求只写一件事，除了交代清楚何人在何时间何地点干何事之外，还要交代清楚事情是怎么发生的？事情发生时该怎么做？事情发生后该怎么想？这些对于提高他们运用语言的能力确实是大有裨益的。

三、微型文章写作的蝴蝶效应

"蝴蝶效应"是指在一个动力系统中，初始条件下微小的变化能带动整个系统的长期的巨大的连锁反应。它在微型文章写作中也同样存在，对于快速地提升学生的写作水平具有重要的价值，确实是一条效能高的、效率高的路子，大致可以涵盖以下几点。

（一）微型文章写作能让学生练好语言表达功夫

微型文章写作是学生思想的展示，情感的流露，个性的彰显，因此教师要花大力气让他们练好语言表达的功夫。学生写在纸上的文字——微型文章，不仅能让接受者明白其中的意思，还能领会其中所写的人物的神情变化，更能与其中的人物同呼吸、共命运。微型文章写作要达到这样的境界，教师如果仅仅要求学生在相关的所谓"技巧"上去做无效的努力，那是徒劳无益的，而且是适得其反的，所以还必须培养他们良好的语言运用习惯，规范他们的言语表达，使他们形成敏锐的语言思维能力。比如在微型文章写作训练之中，教师经常引导学生对于那些历史文化长河中经过冲刷与淘洗而沉淀下来的并被绝大多数人所认同、理解和学习的文章作品和文学作品予以欣赏，让他们深入其中，既要善于吟读又要巧于咀嚼还要精于思考，那么，他们自然就能学会文通字顺的能动表达。

（二）微型文章写作能让学生学会聚集写作素材

微型文章写作就是教师引导学生如何用手中的笔描述生活中的事、歌颂生活中的人、抒发生活中的情，因此要下真功夫让学生学会有效聚集写作素材。首先要引导学生做生活的有心人，让他们有意识地关注国际风云、社会生活、身边琐事，丰富自己的信息储备，从生活中聚集素材；其次要引导学生博览群书，让他们大量地阅读书籍、报刊，捕捉文章作品与文学作品中的哲学的、伦理的、美学的、历史的、天文的、地理的、生物的、化学的等知识，从阅读中聚集素材。①对于学生来说，微型文章写作有助于他们记录生活中印象最深的事件、人物或场

---

① 杨道麟：《试论文章美和文学美之媲美》，载《焦作大学学报》2010 年第 1 期。

景等，这样经过勤学苦练地夯实"根底"，他们就能从中获得大量的有意义的或有价值的素材。如果他们在写作活动之中用得着的时候，就能取之不尽、用之不竭，那必能得心应手、左右逢源，进而生产出文质兼美、情文并茂的习作。

（三）微型文章写作能给学生奠定"长文"写作基石

微型文章写作与学生的人生的态度、生活的历练和思考的深度密切相关，这就为他们的今后的"长文"写作能力的提升找到了切入点。张志公曾经感叹过，写作教学恐怕是语文教学工作中的一个老大难的问题。微型文章写作训练为解决这个老大难的问题提供了十分宽广的路径。把微型文章写作训练引入到"长文"写作教学中，加强了学生的日常学习和生活经验的联系，为他们的"长文"写作奠定了基础。学生的微型文章写作中所关涉的日常学习和生活经验是他们写作"长文"的基石，而这一"基石"却常常被许多教师动摇甚至严重忽视。因此，要改变这一现状，教师要以升华学生的情感需求为着力点，深入他们的内心世界，及时对他们给予情感的激励，真正实现他们的日常学习和生活经验的有机结合，为他们的"长文"写作铺路搭桥，从而不断提高他们的写作"长文"的水平。

新高考教考大衔接　写作重典型抠细节

——以新材料作文"成长"为例析佳作导写

熊　雷　王　莉*

【原创命题】

阅读下面的文字，根据要求作文。(60分)

一个人的成长往往经历过震撼人心的时刻，如与父母一起努力的生活细节，与同学课堂内外的感情变化，与老师朝夕相处的点点滴滴……从而变得坚强勇敢、不懈进取、理性成熟。

一个人的经历对个人成长的影响，都是独有的……

一代人的经历对社会"成长"的影响，都是不可或缺的……

请根据这段文字，自选角度，自主拟题立意，结合你的联想和思考，交流你或你这一代人成长中的精彩，不可脱离材料内容和含义，写一篇不少于800字的习作，不可套作、抄袭。

【命题解读】

从2023年新高考Ⅰ卷"故事是有力量的"的命题，是选择性必修中册第四单元研习任务"文化走出去"的话题，到主张"搭应试教育的船，做素质教育的事"的"语文总主编"温儒敏在考后微博中谈全国甲卷"人·技术·时间"的命题，与选择性必修中册第一单元的作文题"如出一辙"等来看，跟着"教考衔接"新方向走是高中新课改的趋势。高考作文命题也正在顺应这个趋势，本

＊　作者简介：熊雷，男，湖北省团风中学语文高级教师；王莉，女，湖北省团风中学语文教研组长，黄冈市骨干教师。

命题也教考衔接到了必修上册第二单元的学习任务第四模块内容"写一个你熟悉的劳动者"。第 56 页的写作指导"写人要关注事例和细节"并做了详实的指引，强调了教考正日渐贴近现实，鼓励青少年通过亲身经历的细节，把握对人、事、物的感情变化，积累联想和思考的智慧，不断实现人、事、物、情的有机关联，锤炼自己"有创意"的写作能力，让自己在生活和学习的一个又一个拐弯处活出精彩，让自己在生活和学习的举手投足间写出精彩。

此命题适合高一学生训练以记叙为主的表达方式，让学生有话可说。亲历或观察到的生活和学习细节，无不是影响学生成长的时代故事。也能鼓励学生写出经历的磨砺，思考独到的见解，引导学生反思自身成长与社会飞速发展的契合度与差距，辨析成长的努力方向，教育学生要有坚强不屈、不懈进取等优秀品质，培养学生形成"观察—联想—思考"的写作思维模式和批判思辨智慧。

【思路指引】

好作文源于多维构思。著名作家陈村老师说："作文最好是有独创性，就好比，有一个目的地有很多道路可达，但许多人往往爱盯着中间的大道，却没发现旁边的小路更具风情。"我们要学会从多种角度去构思，在多种方案的比较中，选择最适合自己的一种，这才是最正确的构思态度。这样的多维思路是写出优秀作文的一大关键。比如这则命题作文可以从以下三个维度来构思：

思路一：写亲身经历的事。与父母一起的晨练、与同学的矛盾和情感以及类似的活动经历都是我们可以整理、选择写作的"故事"；只是我们要强调"亲身经历"的震撼人心的过程体验以及"坚强勇敢"一类触动心灵的细节感悟，有了这类感悟，习作叙事才会有灵魂，才会有对自己的成长有促进的精神沉淀。

思路二：写身边事，抒真性情。成长路上的耳濡目染皆能受教受益，促进自己知识的丰富、认识的提高。观察身边人的举动和感情变化，观摩诗词大会、演讲一类的综艺节目也是丰富知识、扩大认知的途径。有身边人、事的不俗文化的延伸挖掘、进取变迁的震撼，还有来自节目内容的典型文化震撼，关联参与者（自己/一代人）的睿智、犀利的表现震撼，这些都是可供我们习作叙写的精华，也是我们成长的核心价值积累。

思路三：表达健康、阳光、正能量的主题的创意写作。理性看待身边人，积极辨析身边事，培养我们的察人析事的正确哲学观。解读身边人举手投足间的人性光辉，细察身边事的矛盾异同，学会分析人物形象的善恶、事情背后的阳光真相、语言交锋背后的理性力量……让道德与文明在思辨情绪中站上制高点，而不是消极地随波逐流，这就是我们将"人—事—景—情"有机结合的创意写作。

【技法指导】

德国大作家歌德曾经说过："一个人只要能把一件事说得很清楚，他也就能把许多事都说得清楚了。"叙述好一件简单的事，是一项基本功。练好这个基本功，以后进行复杂的叙事，也就有了基础。针对这个作文题，在写作技法上可以从以下三方面把握：

一是注重以小见大的整体立意把握。学生身边事皆是小事、琐事，但小事大事之中蕴含的道理是相同的。如抓住烧饭过程中的反复、烦琐来感悟世事在复杂中的变化；诗词大会中的诗句"折戟沉沙铁未销，自将磨洗认前朝"正是以沉沙之铁唤起人们对"前朝"风云变化的联想与思考。举手投足之间显文明、彰主题是高考作文及文学创作中百试不爽之法。

二是把握好叙事顺序。平铺直叙简单易行，但难以扣人心弦。在记叙中，把震撼人心的时刻直接呈现于文端，正如美国大片开场风驰电掣一般，袭人心魂，抓人眼球。这便是倒叙的成功运用，然后再顺叙原委，释人心怀。当然，有时为了丰富故事，插叙也是不错的选择。

三是下足工夫刻画细节。无论是塑造人物形象、构建波澜起伏的情节还是渲染氛围，细节刻画都是必需的。也只有刻画细节到位，文字才能感染人、震撼人，以细节体现文章的立意灵魂，让读者与习作的表达有共鸣。

习作能给读者心头一动或眼前一亮之感，就是成功之作，揣摩准命题的意图，多维构思立意，选择恰当的写作技法，成功之作是可以预见的。

【佳作示例一】

一路阳光一路情

湖北省团风中学高一（3）班　王一涵

父母是弓，儿女是箭。父母把自己弯成了弓，努力把儿女射向更远方。

——题记

人生路上，有一个人始终照耀着我，温暖着我，像刺透乌云的阳光，给了我一路健康成长的温情。

中学体育考试难以过关一直令我苦恼，因为我是个胖子，而且还不爱运动。但爸爸竟然比我还着急。初二暑假的一个傍晚，爸爸突然提出要陪我去锻炼，说着就拽着我的胳膊："走，现在就陪你跑一段……"我满脸惊诧地跟在后面。

父亲是家中的长子，初中后就放弃了继续学习的机会，帮家里干活维持生计。也正因此，他十分希望我能读好书。在我的印象中，父亲不是在田间劳作就是去工地打散工。我所见到的父亲，总是风尘仆仆、疲惫不堪的样子。随着我的成长，我心中渐渐涌出对父亲的些许心疼来。这般劳累的父亲，还要佝偻着背陪我练习长跑，我也曾怀疑：他能行吗？

在父亲的一再坚持下，我们爷俩开启了长跑模式。从此，江边的林荫道上、门前的日出霞影中、湖畔的夕阳晚照里都有父子俩参差的身影和"刷刷"的脚步声。

三伏天不热也闷人，父亲忙了一天回到家，已是霞收西江之际，他进门就瘫软在椅子上，好像全身的骨头都散架了似的。母亲告诉我爸爸下午帮人搬家具，一连干了4个小时。我听了心里一阵绞痛，鼻子里涌起了莫名的酸楚。我轻轻地走近父亲："爸，你今天就不要陪我跑步了，我自己去吧……""去，不去怎么行呢？我答应要陪你的……"父亲语气很坚定。

江边林荫道上，父亲依然跑在前面。看着父亲，汗渍浸湿了他的衣衫，帮了一天工，还要咬牙陪我跑步。听着他沉重的喘息声，我仿佛看到正在田间挥汗如雨的父亲，他的身影渐渐高大起来……我仿佛看到父亲正在咬牙搬砖运瓦，不知不觉，我的眼角滚烫起来了，盈眶的泪水汇入汗水，模糊了我眼前的一切，唯有父亲的背影如此清晰、高大而且伟岸！

那个暑假，父亲的坚持让原本懵懂的我，无形中仿佛懂事、成熟了很多，我的中考体育在同学们的掌声和老师的点赞下取得了优秀的成绩，也让我以高分考入了高中。

父亲，是你在我成长的路上给了我温暖，像阳光一样给予我飞翔的方向和力量，让我不再迷茫！谢谢您，我亲爱的父亲！

【名师点评】

小作者写出了父亲与"我"的坚持和努力，父亲给予"我"的灵魂感动和人性力量让读者感受到了榜样的力量及父子情深的温暖。小作者善于抓住细节刻画人物，情景交融，相互衬托，让叙事和抒情自然流畅。这样的作文值得借鉴、点赞！

【佳作示例二】

爱在回眸间

湖北省团风中学高一（6）班　熊程

罗丹曾说过："生活中并不是缺少美，而是缺少发现美的眼睛。"庆幸的是，我发现了那种美，那种父爱的美，源于父亲的一个令人难忘的眼神。

打读书识字起，我和父亲的关系就不冷不热的，我也不曾体会到被父亲疼爱的感觉，甚至连父亲的慈祥面容也不曾读懂过……

中秋节没放假，父亲说来学校看我。熬完讨厌的第五节课，我便向寝室飞奔。还在楼下就已听到妹妹的尖嗓门，他们都来了，我的心暖暖的！尤其看到奶奶为我准备的菜肴，垂涎三尺后一顿狼吞虎咽，爆棚的幸福感骤然升起。饭后我提议一起去操场上散步，父亲牵着我的手，既亲切又仿佛不自然，我似乎感觉到了那宽大手掌的力量，一股温热的暖流直入心头……我且享受着这样的温馨！"闺女，你又长胖了啊！要少吃零食啊！"我愤愤地甩开爸爸的手，无奈地点了点头。他又岔开道："那打篮球的是老师吗？"我更觉无奈，锁紧眉头冷不丁地抛出一句："我哪知道……"

父亲不再说话，只是微笑着注视着我，我们沉默地走进了停车场。一阵清风拂过我脸庞，落日的斜晖格外刺眼，我偏过头，抓住了父亲最后的眼神，那么有神、那么亲切而充满力量，也清晰地看到父亲眼角的皱纹……我快速地低下了头。当我再次抬头时，只看到父亲匆匆远去的背影。我与奶奶她们匆匆告别，然后转过身好像在逃避什么，快步走向教学楼。不知是因为心中对家人的不舍，还是因为父亲的那个眼神，我好像懂得了一些事情。风又袭来，我的脸冰凉冰凉的，伸手去擦那残留的几滴泪，却又想起了父亲的那个眼神，那是个充满了希望、亲切和惆怅，甚至还有自责的眼神，父亲一定又认为自己有什么没做好；我懊恼自己对父亲的冷漠，懊悔自己对父亲的不理解……想着想着，那个眼神烙入了心间，从此常常浮现在我的眼前。

从那天起，我才渐渐地明白了父爱。沉默又沉重的父爱如父亲已经泛起的根根银发，那是我成长的最好见证，是我芳华的最好点缀！

任世事变迁，我仍深深感激我的父亲。

那个眼神，一生难忘；那份父爱，终身感恩！

【名师点评】

作者抓住成长中的细节，将父女感情变化刻画得细腻感人。眼睛是心灵的窗口，文章抓住父亲的眼神雕刻自己的感情历程，很好地凸显了父女情深的主题。行文结构严谨，叙议结合，感染力极强！